WHEN HISTORY MEOWS

如果歷史是一群喵 4

東漢末年篇

肥志 編繪

國家圖書館出版品預行編目 (CIP) 資料

如果歷史是一群喵 . 4, 東漢末年篇 (萌貓漫畫學歷史) / 肥志編 . 繪 . -- 初版 . -- 新北市 : 野人文化出版 : 遠足文化發行 , 2020.01
面； 公分 . -- (Graphic time ; 9)
ISBN 978-986-384-406-8(平裝)

1. 中國史 2. 通俗史話 3. 漫畫

610.9 108021476

Graphic Times 09

如果歷史是一群喵 4
東漢末年篇

繪　　者　肥志
編　　者　肥志

社　　長　張瑩瑩
總 編 輯　蔡麗真
主　　編　鄭淑慧
責任編輯　徐子涵
行銷企畫　林麗紅
封面設計　周家瑤
內頁排版　洪素貞 黃淑雅 許庭瑄

出　　版　野人文化股份有限公司
發　　行　遠足文化事業股份有限公司 (讀書共和國出版集團)
地址：231 新北市新店區民權路 108-2 號 9 樓
電話：（02）2218-1417　傳真：（02）8667-1065
電子信箱：service@bookrep.com.tw
網址：www.bookrep.com.tw
郵撥帳號：19504465 遠足文化事業股份有限公司
客服專線：0800-221-029
法律顧問　華洋法律事務所　蘇文生律師
印　　製　成陽印刷股份有限公司
初版首刷　2020 年 1 月
初版 17 刷　2023 年 10 月

如果歷史是一群喵 (4)
線上讀者回函專用 QR CODE，您的寶貴意見，將是我們進步的最大動力。

野人文化官方網頁

序

在華夏五千年文明中，提到「英雄」，漢末三國這段歷史肯定少不了。作為一個分裂割據的時期，它長不過百年，地位也遠沒有春秋戰國重要，可有關這個時期的英雄故事卻為人津津樂道。

關於這一點，我也沒能免俗。小時候愛看《三國演義》，從影視劇追到小說，看到諸葛亮病死於五丈原，還哇哇哭了一場；年長一點後，為了知道三國到底發生了什麼，就開始啃陳壽的《三國志》，這才知道原來草船借箭的不是諸葛亮，關羽也沒斬過華雄……

到最後，我明白了：三國早已不只是一段過往，還是寄託著英雄情懷的一種文化。它包含的是人們對英雄的歌頌，對統一的嚮往。

所以，三國至今仍然是我的最愛。

正是帶著這樣的一點兒私心，我決定把這段歷史分成兩卷──「東漢末年篇」和「亂世三國篇」來跟大家分享。前者講到「赤壁之戰」的結束，後者則以「三家歸晉」作為終章。

曹操、劉備、孫權等歷史人物將在《如果歷史是一群喵》第四、第五卷裡依次亮相，講述他們各自的「草創故事」，還有他們之間的爭鬥。

而按照慣例，他們的故事依然會以《後漢書》、《三國志》、《資治通鑒》……等歷史文獻為依據。因此，只看過《三國演義》小說和影視劇的朋友，可能會發現這個「三國」有些不一樣。

希望讀者朋友們看完以後，能喜歡我們呈現的這段三國歲月，你們的肯定一直是對我們最大的褒獎。

再次感謝大家。

目錄

正文讀取順序從左往右，
對白、注釋以及編者按讀取順序從右往左。

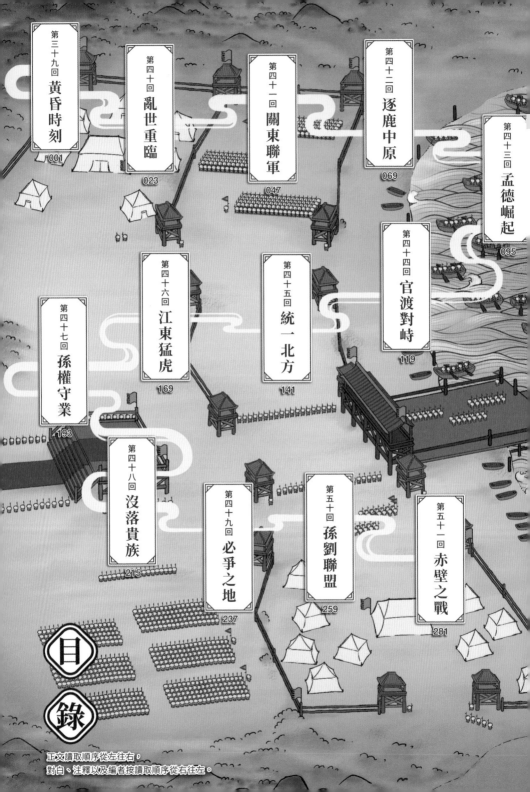

第三十九回 ◉ 黃昏時刻

西元25年，

東漢政權**建立**。

白壽彝《中國通史》：

「公元二十五年六月，劉秀即皇帝位於鄗縣，重建漢政權。」

成功延續了**大漢**皇朝的**壽命**。

翦伯贊《秦漢史》：

「東漢的政權是西漢政權的繼續。」

吸取前朝**教訓**，

東漢**中央集權**進一步得到**加強**。

白壽彝《中國通史》：

「東漢的創建者光武帝劉秀，鑒於西漢一朝諸侯強橫、權臣跋扈和外戚篡位的嚴重教訓……採取種種措施，進一步加強專制主義政治體制，以維護皇權的鞏固。」

皇帝的**權威**，
發展到了**新的高度**。

林劍鳴《秦漢史》：
「東漢中央政權同西漢相較，重大變化之一就是削弱『三公』的權力，擴大尚書台的作用，以加強皇權。」

但悲劇的是……
從**第三代**起，皇帝就**早死**……

陳舜臣《中國歷史風雲錄》：
「三十三歲的章帝死。」
范文瀾《中國通史簡編》：
「東漢皇帝多半短命。」

留下**年輕**的皇后和**幼小**的皇帝……

范文瀾《中國通史簡編》：
「皇后抱幼子臨朝，號稱太后。」

於是乎，皇后**依靠娘家人輔助**。

白壽彝《中國通史》：
「年輕的太后臨朝，不便接觸大臣，不得不重用她娘家父兄來協助處理政事。」

這就形成了**外戚集團**。

白壽彝《中國通史》：
「外戚專權多是憑藉充任侍中，以至大將軍錄尚書事等內朝官職而得逞的。」
人民教育出版社《義務教育教科書·歷史七年級上冊教師教學用書》：
「所謂外戚，是指皇帝的母族、妻族，也就是太后和皇后的家族。」

而小皇帝則**依靠**從小侍奉他的**宦官**。

白壽彝《中國通史》：
「宦官成了皇帝身邊唯一依賴的物件。」
人民教育出版社《義務教育教科書·歷史七年級上冊教師教學用書》：
「所謂宦官是指在宮中服侍皇帝和皇帝家族的男子。自東漢開始專用閹人。」

形成了**宦官集團**。

白壽彝《中國通史》：
「宦官……可以在不同程度上操縱或干預尚書政務。」

再加上原本**靠讀書**當官的**士族集團**，

翦伯贊《秦漢史》：
「東漢時期，士人通過察舉、徵辟出仕……各級學校的學生，都是官僚的候補人。」

這就是東漢**中後期**，
政治框架的**三大支柱**！

魏晉文化研究所《魏晉隋唐文學藝術思想研究》：
「在東漢中後期相當長的一段歷史時期中，政壇一直為外戚、宦官、士大夫官僚集團三大勢力所盤踞。」
張大可《三國史》：
「外戚、宦官、士大夫三大勢力……實質上代表著太后、皇權、相權三種力量。」

啊……**不過**……

因為**權力**高度**集中在皇室**，

靠讀書**當官的士族**階級就比較**弱**……

傅樂成《中國通史》：
「東漢……相權更形低落。」

有皇室做**靠山**的外戚和宦官倒是**輪著「鬥」**。

翦伯贊《中國史綱要》：
「東漢皇朝專制體制的加強……促成了外戚、宦官的專權和他們之間的爭鬥。」

由於**皇帝**都是**年少**上位，
所以**小時候**被母族的**外戚掌權**。

乖，你還小，
我幫你管著。
漢

白壽彝《中國通史》：
「外戚自恃親貴，驕橫擅權，無視幼主，朝中大臣均仰承其鼻息行事。」

到皇帝**長大**了之後，
又靠宦官們**奪回**政權。

白壽彝《中國通史》：
「及至皇帝成年懂事，不甘外戚脅持，為了把大權奪回到自己手中，就結納在身邊的心腹宦官，發動政變，除掉外戚。皇帝親政後，自然重用奪權有功的宦官，於是又演成宦官專權的局面。」

漢

接著再到皇帝**一死**……

喀！

新的皇后**外戚**又幹掉**舊的宦官**。

再次掌權！

白壽彝《中國通史》：「可是，皇帝死後，宦官身份卑賤不能輔政，立新皇帝後，接著又有新的外戚上臺。」

反正就是**交替**著來。

（士族只有吃瓜的份……）

白壽彝《中國通史》：「這種圍繞皇權的爭奪而出現的外戚、宦官的起伏交替專政，便成為東漢後期封建政權的一個特點。」

到**桓帝**時期，

白壽彝《中國通史》：「（外戚）擁劉志（即桓帝）即位。」

宦官集團在鬥爭中**取得上風**。

白壽彝《中國通史》：「延熹二年（一五九年）……桓帝與宦官單超等人合謀，方除掉梁冀（外戚）……梁氏滅門之後，宦官獨攬政權。」

他們開始**控制朝政**，

《後漢書．宦者列傳》：「自是權歸宦官，朝廷日亂。」

然後**買賣官位**。

白壽彝《中國通史》：「桓帝延熹四年（一六一年）開始公開計金賣官。」《後漢書．孝桓帝紀》：「占賣關內侯、虎賁、羽林、緹騎營士、五大夫，錢各有差。」

這讓一直**靠讀書**當官的**士族**集團，突然**斷了**上位的**途徑**。

杜婉言《中國古代宦官小史》：「宦官又壟斷了選官的察舉，把它作為收受賄賂，結黨營私的工具。這就堵塞了士子面前本已狹窄的仕途，更引起他們強烈的不滿。」

於是乎，**士族**集團與**宦官**集團「**鬥**」起來。

白壽彝《中國通史》：「太學生們自覺地同反宦官的官吏士大夫站在一起，形成了一支強大的反抗宦官專政的力量。」

東漢的**士族**階級是**有骨氣**的！

傅樂成《中國通史》：「東漢自光武提倡儒術，崇尚氣節，歷朝因之，逐漸蔚成風氣。當時的士人，大都以名節相尚。」

雖然一直在**吃瓜**……

但在他們心裡，

匡扶社稷是自己的**責任**！

白壽彝《中國通史》：「太學生和反宦官的官吏以封建綱常的衛道者自居，以清流自命。」

作為讀書人，

士族集團擁有**筆桿子**。

白壽彝《中國通史》：「（士族）攻擊宦官的手段是上書奏，向皇帝上書，揭露宦官擅權的弊端與罪惡……另外，對宦官進行輿論抨擊。」

所以他們**掄筆狂噴**。

《後漢書．黨錮列傳》：「桓靈之間……國命委於閹寺，士子羞與為伍，故匹夫抗憤，處士橫議，遂乃激揚名聲，互相題拂，品核公卿，裁量執政。」

可他們**忘了一點**……

宦官集團卻**擁有皇帝！**

傅樂成《中國通史》：「宦官們的領袖是中常侍，中常侍為內朝官，受皇帝的庇蔭。」

【如果歷史是一群喵】

於是他們向皇帝**造謠**。

皇上，他們抱團想造反。

《後漢書・黨錮列傳》：「上書誣告膺等養太學遊士，交結諸郡生徒，更相驅馳，共為部黨，誹訕朝廷，疑亂風俗。」

就這樣，兩百多士人**被抓**了起來……

《後漢書・黨錮列傳》：「於是天子震怒，班下郡國，逮捕黨人……其辭所連及陳寔之徒二百餘人，或有逃遁不獲，皆懸金購募。使者四出，相望於道。」

200殺

這就是著名的**黨錮之禍**。

黨錮之禍

白壽彝《中國通史》：「這就是歷史上所說的第一次黨錮之禍。」

雖然後來迫於**輿論**的壓力，
中央還是**釋放**了被抓的士人，
（放出來後終生不得為官。）

白壽彝《中國通史》：
「第二年，由於士大夫的奮力營救和迫於輿論壓力，桓帝不得已才釋放黨人。」
《後漢書．黨錮列傳》：
「帝意稍解，乃皆赦歸田里，禁錮終身。而黨人之名，猶書王府。」

但**黨錮**這個方式卻變成了
宦官對付士人集團的**撒手鐧**。

到**靈帝**時期，

翦伯贊《秦漢史》：
「桓帝死，靈帝立。」

宦官們**故技重施**，
再次向士人們**「潑髒水」！**

白壽彝《中國通史》：「〔漢靈帝建寧二年（一六九年）〕宦官集團又興起株連更廣的第二次黨錮之禍。」

又有**上千士人**被禍及……

范文瀾《中國通史簡編》：「全國正人君子，都被指為黨人，殺戮充軍禁錮有六七百人……閹官用暴力殺戮優秀學生，捕系千餘人。」

從此，有望**挽救東漢**的士族集團**集體失聲**。

白壽彝《中國通史》：「兩次黨錮，把反對宦官集團的正直官吏和太學生幾乎羅致殆盡。」
范文瀾《中國通史簡編》：「剩餘的全是鄙賤無恥的庸人。」

宦官專權的東漢政府則**愈加腐敗**……

張大可《三國史》：「靈帝……變本加厲地信用宦官，成為這一腐朽集團的支柱。」

從皇帝到小官吏，
自上而下地**買官賣官**。

傅樂成《中國通史》：「光和元年（一七八年），宦官更慫恿靈帝設邸於西園，在那裡鬻賣官位，上至公卿，下至刺史、郡守、縣令，都有固定的價目。」

而**買官者**為了**回本**，

則**變本加厲**地**剝削**喵民們。

快！把零食和遊戲機都交出來！

傅樂成《中國通史》：「官職買賣，迫使官吏貪污受賄以償官債，民不堪忍。」

東漢進入了**風雨飄搖**的**末年**……

漢

傅樂成《中國通史》：「六年之後（一八四年），黃巾之亂暴發，天下大亂。」

後面的發展又會**怎樣**呢？

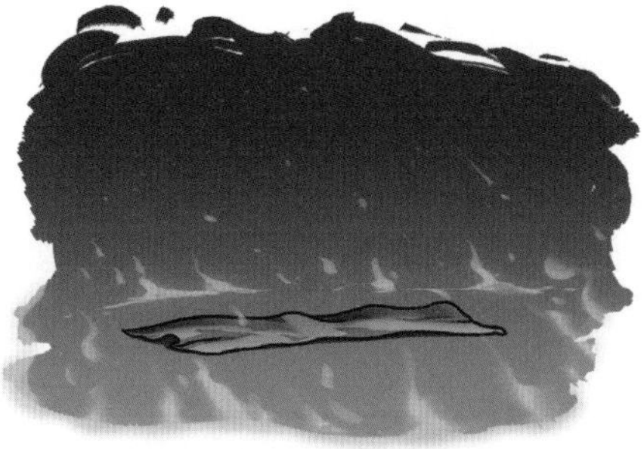

（且聽下回分解。）

編者按

漢桓帝、漢靈帝時期，宦官誣陷有骨氣的士人結成黨羽，危害朝廷，稱其為「黨人」，對黨人的處罰包括禁錮終生（終生不得為官）。因此這兩次黨人捕殺事件史稱「黨錮之禍」。東漢初為中央集權鞏固統治採取了許多措施，如提倡儒學、興辦太學、採用察舉制度等，讓士族階層崛起壯大；削減軍隊、輕徭薄賦等，令百姓得以休養生息。東漢一度變得繁榮，但也有一個巨大的隱患。東漢的建立者光武帝劉秀是豪強地主出身，打拚天下也多依靠了豪族勢力。因此，即位後他便難以削弱和鎮壓這些強大的豪強地主勢力，只得不了了之。這導致後期土地兼併異常嚴重，大量農民失去土地淪為奴隸。加上黨錮之禍後，吏治更為敗壞，當權者與大地主一起壓榨百姓，貧民更加困苦，最終爆發大規模農民起義，動搖東漢統治根基。

參考來源：《後漢書》、《資治通鑒》、傅樂成《中國通史》、白壽彝《中國通史》、翦伯贊《秦漢史》及《中國史綱要》、范文瀾《中國通史簡編》、陳舜臣《中國歷史風雲錄》、林劍鳴《秦漢史》、張大可《三國史》、杜婉言《中國古代宦官小史》、魏晉文化研究所《魏晉隋唐文學藝術思想研究》、人民教育出版社《義務教育教科書．歷史七年級上冊教師教學用書》

附錄

【「瞞」上「欺」下】

靈帝非常倚重宦官，
有一個宦官得寵後無法無天，
瞞著靈帝把自己家的房子
修得跟皇宮一樣，
也沒人敢管。

【關係大戶】

桓帝、靈帝時期，
外戚和宦官掌權後，
會把自家人往宮裡塞，
以此加強自己的勢力。
有時候一個外戚或宦官
甚至能安排近百口親戚。

【廁所政變】

桓帝時期，外戚集團權勢滔天，
甚至監視桓帝的一舉一動，
逼得桓帝只能躲在廁所裡
和宦官商量奪權大計。

百群喵檔案

烏龍小劇場

《沙漠求生》

烏龍和煎餅去了沙漠探險。
我感覺快要不行了……
堅持住啊！
千萬不能倒在這裡。
對啊，還有很多事情沒做呢……
希望能早一點走出這裡……
是啊，再走不出去，就要曬成和你一樣黑了……

《沙漠綠洲》

看！那裡有水！
是水！快！
咕咚咕咚
啊！活過來了，多麼甘甜的味道啊，原來水這麼好喝！
噗！
啊！一個月沒洗澡了，真舒服。

烏龍
巨蟹座
生日：7 月 11 日
身高：180 公分
不擅長的事：自拍
愛喝的飲料：草莓奶蓋茶
（烏龍擬人介紹）

立春

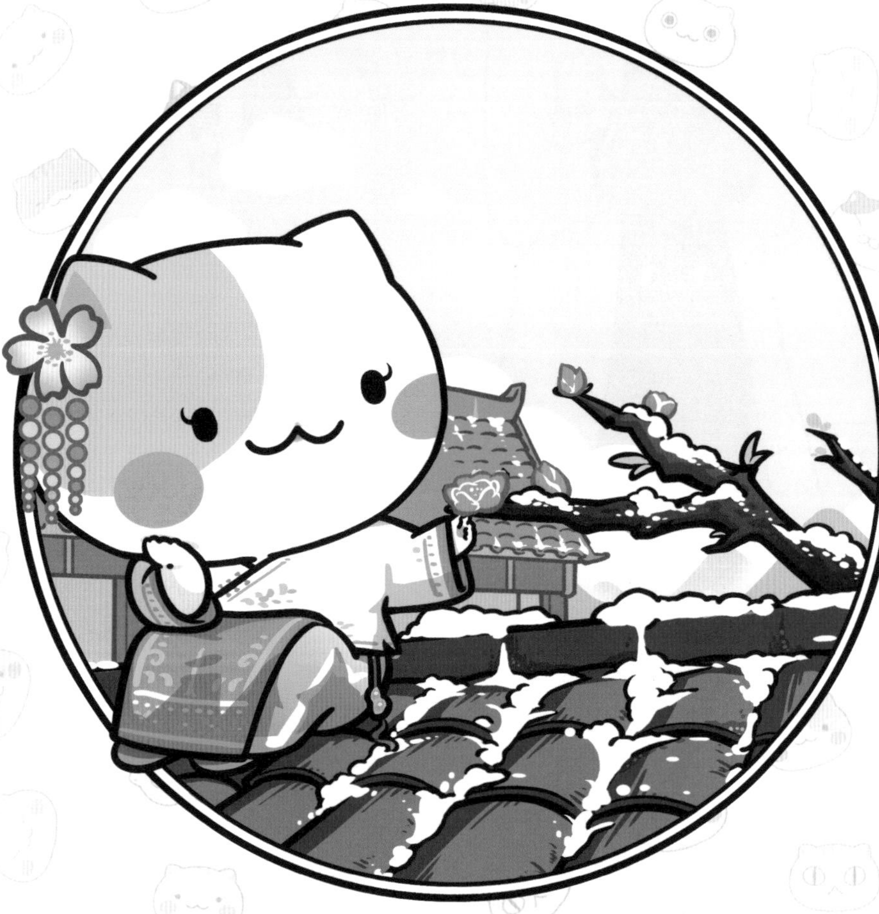

第四十回◉亂世重臨

東漢末年，

是個**黑暗**的時期。

白壽彝《中國通史》：

「東漢後期外戚、宦官交替專政，官僚機構腐朽，災害頻繁。」

從**皇帝**到**小官吏**，

都在**剝削**平民。

范文瀾《中國通史簡編》：

「從皇帝到小吏，除了極少數廉潔正人，其餘全像豺狼般向人民吞噬。」

在這樣的**情況**下，

起義爆發了……

白壽彝《中國通史》：

「官吏們強徵兵徭，更為殘暴。各族人民在租稅徭役和饑荒逼迫之下，不得不掀起反抗鬥爭。」

起義的喵民們頭戴**黃色布巾**，

白壽彝《中國通史》：
「二月，三十六方同時發動起義，起義群眾都頭裹黃巾作為標幟。」

這就是**著名**的**「黃巾起義」**。

白壽彝《中國通史綱要》：
「人民起義的長期發展，終於在一八四年爆發了黃巾軍大起義。」

因為起義**規模浩大**，

白壽彝《中國通史綱要》：
「起義形勢發展很快，不到一個月的時間，到處有響應起義的隊伍，使洛陽大為震動。」

中央軍**焦頭爛額**。

白壽彝《中國通史》：
「黃巾起義急風暴雨的形勢，使東漢朝廷十分驚恐。」

於是乎，東漢中央政府**權力**開始**下放**，

《後漢書．劉焉傳》：
「時靈帝政化衰缺，四方兵寇，焉以為刺史威輕，既不能禁，且用非其人，輒增暴亂，乃建議改置牧伯，鎮安方夏，清選重臣，以居其任……州任之重，自此而始。」

讓**地方**自己**組建軍隊**，
用來**鎮壓**起義。

翦伯贊《中國史綱要》：
「（朝廷）選擇有名望而又可靠的宗室和其他的列卿、尚書充任，給以一州的軍政大權。」
軍事科學院《中國軍事通史》：
「地方官吏和豪族地主……紛紛招兵買馬，擴充實力。」

從**那一刻起**，
高度集中的**中央皇權制**開始**崩潰**。

軍事科學院《中國軍事通史》：「州郡牧守通過攫取地方的……擁兵權，瓜分了東漢政權在地方上的統治。」

各地**官員**和**豪強**紛紛**組建**自己的**軍隊**。

白壽彝《中國通史》：「豪強地主的私家武裝獲得了合法、公開發展的機會，實力急劇膨脹。」

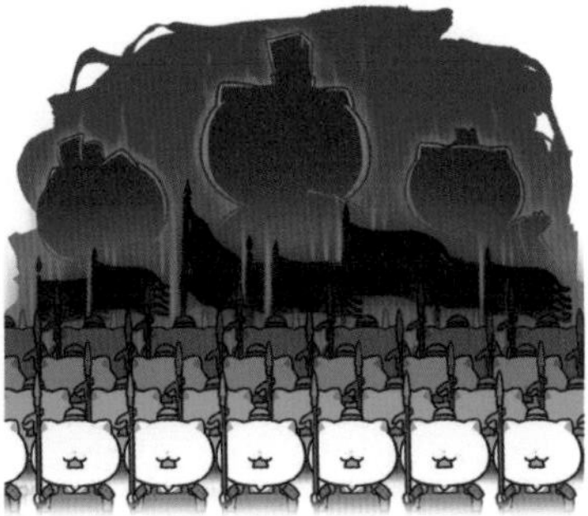

而這些擁有**私人軍隊**的個體，
便是**軍閥**。

傅樂成《中國通史》：「這樣便形成一個以私人為中心的軍事集團，乃有軍閥的產生。」

軍閥的出現，
確實**鎮壓**了各地**農民起義**。

白壽彝《中國通史》：
「各地豪族地主也紛紛起兵，配合官軍對黃巾軍殘酷鎮壓。」

但也讓東漢**統一**的江山走向**分裂**。

張大可《張大可文集·三國史》：
「至於擁有強兵的方鎮牧伯，無論寒族士族都心懷異志，等待時機，擁兵割據。」

而**開啟**這個**亂世**的，
便是**西北軍閥**。

翦伯贊《中國史綱要》：
「……（他）使各地的分裂割據活動迅速擴大。」

董卓喵！

董卓

白壽彝《中國通史》：
「東漢邊兵強於內郡兵，而邊兵中尤以西北邊兵最為強悍，東漢末涼州軍閥董卓就是憑藉西北邊兵起事的。」

董卓喵成長在
長期與**外族爭鬥**的**邊陲**地區。

張大可《張大可文集·三國史》：
「董卓字仲穎，隴西郡臨洮縣人。兩漢時期的臨洮縣……是一個防禦羌人的邊陲重鎮。」
李曉傑《東漢政區地理》：
「涼州刺史部轄有隴西、天水、金城、安定、武威、張掖、酒泉、敦煌八郡。」

涼州

那兒的喵都喜歡用**拳頭說話**……

看我不打死你！
遊戲打贏了算啥？有種肉搏！

張大可《張大可文集·三國史》：
「那裡的人民，與羌人交接，騎馬彎弓，養成了勇武彪悍的習性。」

董卓喵**天生強壯**，

《後漢書・董卓列傳》：「卓膂（旅）力過人，雙帶兩鞬，左右馳射，為羌胡所畏。」

也**喜歡**跟強者**交朋友**。

是啊！是啊！要吃蛋白粉嗎？
小老弟！你怎麼練的？加個好友吧！

《三國志・董二袁劉傳》：「少好俠，嘗游羌中，盡與諸豪帥相結。」

長大後董卓喵**應徵入伍**。

《三國志・董二袁劉傳》裴松之注引《吳書》：「郡召卓為吏，使監領盜賊。」

戰場上**見誰砍誰**。

《三國志·董二袁劉傳》裴松之注引《吳書》：「涼州刺史成就辟卓為從事，使領兵騎討捕，大破之，斬獲千計。」

經過**三十年**的瘋狂**刷怪升級**，

張大可《張大可文集·三國史》：「他二十多歲時為涼州兵馬掾……公元一六七年，董卓約三十五歲，為中郎將張奐司馬……公元一八五年又被起用為破虜將軍，從張溫西征韓遂……升為前將軍。」注：可知董卓自年少為吏到後來的前將軍，征戰三十年有餘。

他不僅當上了**將軍**，

《三國志·董二袁劉傳》：「拜（董卓）前將軍，封斄鄉侯，徵為并州牧。」

更**培養**了一支忠於自己的**強悍軍隊**。

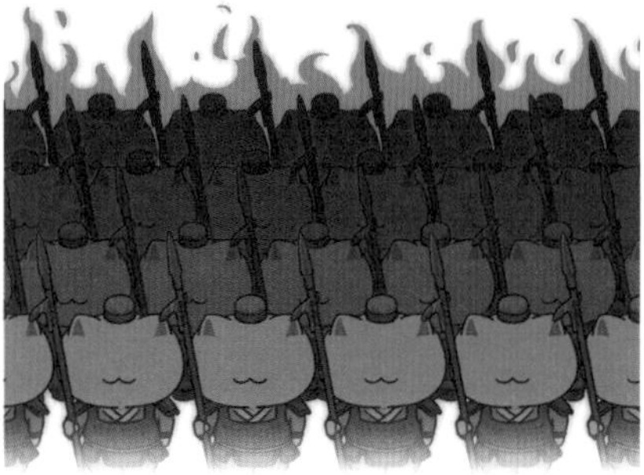

《後漢書・董卓列傳》：
「卓復上書言曰：『臣既無老謀，又無壯事，天恩誤加，掌戎十年。士卒大小相狎彌久，戀臣畜養之恩，為臣奮一旦之命。』」

成為了當時**最強**的**軍閥**之一！

《後漢書・皇甫嵩朱俊列傳》：
「本朝失政，天下倒懸，能安慰定傾者，唯大人（皇甫）與董卓耳。」

但你這麼發展下去……

中央也**不是瞎啊**……

《後漢書・董卓列傳》：
「朝廷不能制，頗以為慮。」

於是**中央**多次**要求**，
要他把**兵權交出來！**

《後漢書・董卓列傳》：
「六年，征卓為少府……璽書拜卓為并州牧，令以兵屬皇甫嵩。」

可**他不幹**……

《後漢書・董卓列傳》：
「不肯就任。」

他還找了個**藉口**，
把**軍隊**開到**皇都附近**。

《後漢書・董卓列傳》：
「『（卓）乞將之北州、效力邊垂（陲）。』於是駐兵河東，以觀察形勢變化。」

時刻準備著幹點啥！

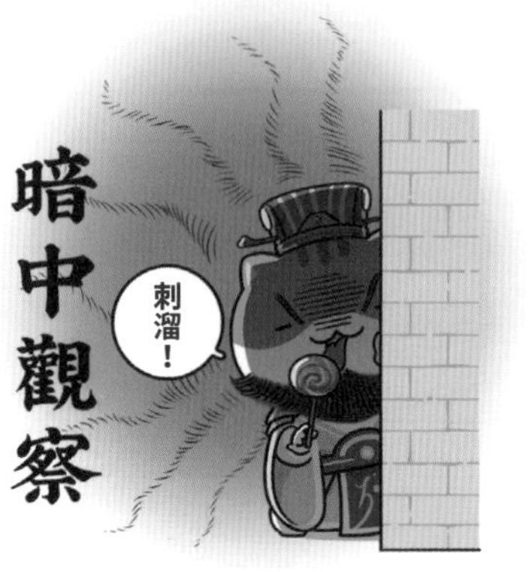

恰好這個時候，

皇帝「掛」了！

《後漢書．孝靈帝紀》：「丙辰，帝崩於南宮嘉德殿，年三十四。」

原本**東漢**的政治力量有**三派**。

魏晉文化研究所《魏晉隋唐文學藝術思想研究》：「在東漢中後期相當長的一段歷史時期中，政壇一直為外戚、宦官、士大夫官僚集團三大勢力所盤踞。」

皇帝的**宦官**、
太后的**外戚**，

以及……吃瓜的**士族**。

張大可《張大可文集．三國史》：「外戚借太后之力專國，宦官藉皇權以肆虐，士大夫標榜清流自重。」

以往每當皇帝換屆，
宦官和**外戚**就互毆。

白壽彝《中國通史》：「東漢末，太子多年幼即位，年輕的太后臨朝……這種圍繞皇權的爭奪而出現的外戚、宦官的起伏交替專政，便成為東漢後期封建政權的一個特點。」

弱勢的士族只能在**邊上看著……**

無
嘖……
權

人民教育出版社《義務教育教科書．歷史七年級上冊教師教學用書》：「中央『三公』只有名分卻無實權……宰相不能發揮作用維持。」

而這次，**外戚拉上士族**一起玩，

打算**幹掉宦官！**

張大可《張大可文集．三國史》：「當時多數朝官名士……與何進（外戚）聯合誅宦官。」

士族！快過來！一起打死這群臭太監！
帶我玩？

所以他們決定把**軍閥叫進京來。**

《資治通鑑．漢紀五十一》：「……召四方猛將及諸豪傑，使並引兵向京城，以脅太后。」

喂！你們都來！打死那群臭太監！

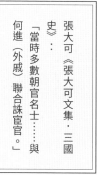

這些軍閥裡就有**董卓喵**。

接到消息後董卓喵**立刻上路**，
想著進京**大幹一場**。

《資治通鑑·漢紀五十一》：
「董卓聞召，即時就道，並
上書曰：『中常侍張讓等，
竊幸承寵，濁亂海內……請
收讓等以清奸穢。』」

可剛到皇都，
他就發現**外戚**和**宦官**已經**同歸於盡**了。

《資治通鑑・漢紀五十一》：
「董卓至顯陽苑，遠見火起，知有變，引兵急進。」
呂思勉《中國通史》：
「宦官見事急，誘進（何進，外戚領袖）入宮，把他殺掉。何進的官屬，舉兵盡誅宦官。」

剩下**光杆小皇帝**和**吃瓜士族**。

《資治通鑑・漢紀五十一》：
「庚午，張讓、段珪等困迫，遂將帝與陳留王數十人步出谷門。」
白壽彝《中國通史》：
「董卓率領軍隊抵達洛陽西郊，於北邙阪下與少帝和陳留王相遇。」

真是省了不少功夫……

於是**董卓喵**輕易**控制了皇都**。

《三國志・董二袁劉傳》：
「進、苗部曲無所屬，皆詣卓。卓又使呂布殺執金吾丁原，並其眾，故京都兵權唯在卓。」

甚至**替換**了一個**新皇帝**。

白壽彝《中國通史》：
「中平六年九月，他廢少帝為弘農王，立劉協為帝，是為獻帝。」
《三國志・許靖傳》：
「董卓秉政，以漢陽周毖為吏部尚書，與靖共謀議，進退天下之士，沙汰穢濁，顯拔幽滯。」

東漢皇權**失去**了對天下的**控制**。

從此名存實亡……

《後漢書・竇何列傳》：
「董卓遂廢帝，又迫殺太后……而漢室亦自此敗亂。」

董卓喵的登場**震動天下**，

揭開了軍閥混戰的**序幕**。

張大可《張大可文集·三國史》：
「他（董卓）帶兵入洛，專斷朝政，擅廢立，成為漢末軍閥混戰的導火線。」

但所謂**槍打出頭鳥**，
董卓喵粗暴的手段也成了**天下軍閥討伐的對象**。

翦伯贊《中國史綱要》：
「州郡牧守各樹一幟，招兵買馬，討伐董卓，混戰立即在北方各地展開了。」

當董卓喵**為所欲為**之時，
一支由**十路軍閥**組成的**聯軍正在集結**。

《三國志·武帝紀》：
「初平元年春正月，後將軍袁術、冀州牧韓馥、豫州刺史孔伷、兗州刺史劉岱、河內太守王匡、勃海太守袁紹、陳留太守張邈、東郡太守橋瑁、山陽太守袁遺、濟北相鮑信同時俱起兵，眾各數萬，推紹為盟主。」

他們會成功嗎？

（且聽下回分解。）

編者按

經《三國演義》廣泛傳播，大家對東漢末年這段歷史耳熟能詳。但需注意，《三國演義》為元末明初羅貫中所著的長篇歷史小說，是摻雜正史、民間傳說、話本、戲曲等的藝術再創作，與史書記載常有出入。如《三國演義》稱討伐董卓的有十八路兵馬，而《三國志》記載為十路。我們主要參考《後漢書》、《三國志》（含裴注）、《資治通鑑》、《晉書》等史料。董卓進京的由頭，史書記載不一，尚無定論。據《後漢書·竇何列傳》記載，宦官、外戚、士族內鬥時，「紹等……多召四方猛將及諸豪傑，使並引兵向京城」。在《後漢書·董卓列傳》中卻為「大將軍何進、司隸校尉袁紹……乃私呼卓將兵入朝」。結合《資治通鑑·漢紀五十一》的記錄，本回採用第一種說法。

董卓——拉麵（飾）

參考資料：《三國志》、《後漢書》、《資治通鑑》、傅樂成《中國通史》、呂思勉《中國通史》、翦伯贊《中國史綱要》、白壽彝《中國通史》及《中國通史綱要》、范文瀾《中國通史簡編》、軍事科學院《中國軍事通史》、張大可《張大可文集·三國史》、李曉傑《東漢政區地理》、魏晉文化研究所《魏晉隋唐文學藝術思想研究》、人民教育出版社《義務教育教科書·歷史七年級上冊教師教學用書》

附錄

【「以一當百」】

董卓到洛陽只帶了三千兵馬，
他讓士兵晚上穿便裝出城，
早上換軍裝進城，
人們都以為他有千軍萬馬，
再不敢輕舉妄動。

【脫褲自證】

外戚和宦官大決戰時，
外戚對宦官趕盡殺絕。
他們見到沒長鬍子的人就砍，
逼得人們只能一見他們就脫褲自證。

【如有神助】

董卓除了自身勇猛，
打仗也如有神助。
有一次敗局將定，
結果天降流星，
敵軍覺得不吉利就全跑了，
董卓大獲全勝。

百群喵檔案

拉麵小劇場

《烏龍大魔王》

西元3048年，外星大魔王烏龍降臨地球！
開始人類清洗計畫！
地球遭到前所未有的大清洗！
嗯？原來真的是清洗啊！
這個星球真是太髒了！

《拉麵下廚》

我做一遍，你再跟著做一遍。
我努力跟上……
不對！別加水啊！
啊!!
那是鹽！不是糖啊！
快關火啊！
呃?!
所有順序都不對，調料也不對……
抱歉……記不住啊……
雖然工序全錯，卻意外好吃！
拉麵究竟是什麼樣的運氣之神？

拉麵

雙子座

生日：6 月 1 日

身高：180 公分

不擅長的事：講笑話

愛喝的飲料：咖啡

（拉麵擬人介紹）

雨水

第四十一回◉關東聯軍

東漢末年的政府，
就像一所**破房子**。

周桂鈿《秦漢思想史》：
「東漢大廈既傾，昏君耽樂，奸臣猖獗。」

政局混亂。

范文瀾《中國通史簡編》：
「東漢官吏貪污，豪強兼併，政治黑暗，刑罰殘暴，人民受極端嚴重的壓迫，無法繼續生活。」

朝臣專權。

翦伯贊《中國史綱要》：
「外戚宦官挾主專權。」

然後……

農民就**起義**了。

白壽彝《中國通史》：「靈帝中平元年（一八四年），黃巾起義爆發。」

黃巾起義就像**一把**熊熊燃燒的**火**。

范文瀾《中國通史簡編》：「黃巾二月裡起義，不過十來天，全國回應，到處焚燒官府，攻掠城邑，州郡長官，紛紛逃走。」

只不過，這把火不是一片地燒……

而是這裡點一下……

那裡點一下……

> 翦伯贊《中國史綱要》：
> 「各地農民……相繼以黃巾為號，起兵於西河、汝南、青徐、益州等地區，江南地區也屢見黃巾軍活動。」

燒得中央**忙不過來**。

> 軍事科學院《中國軍事通史》：
> 「黃巾軍從四面八方掀起的猛烈衝擊，大大震撼了東漢統治集團。漢廷大為驚恐。」

只能**下令**讓**各地官員自己招**人手滅火。

> 翦伯贊《中國史綱要》：
> 「為了防範農民軍……東漢把一些重要地區的刺史改為州牧……給以一州的軍政大權。」

最後**「火」**是**滅**了，

白壽彝《中國通史綱要》：
「黃巾軍的主力，經過八九個月的激烈戰鬥，被消滅了，主要領導人犧牲了。」

但各地官員的**翅膀硬了起來**。

翦伯贊《中國史綱要》：
「改設州牧……使某些地區分散的割據勢力按地區集中起來，更便於實行割據。」
白壽彝《中國通史》：
「東漢的刺史、牧、守逐漸變成了地方軍閥。」

明面上是東漢的**臣子**，

暗地裡都在**觀望**中央的局勢。

翦伯贊《中國史綱要》：
「州郡官吏也紛紛擴充勢力，同東漢皇朝保持若即若離的關係。」

而這時**西北軍閥**大老粗，

董卓來了！

呂思勉《中國通史》：
「京城大亂，而涼州將董卓適至，擁兵入京。」

趁著**東漢**這所破房子**搖搖欲墜**的時候，

上來就**一腳**。

王仲犖《魏晉南北朝史》：
「董卓入朝廷不久，廢少帝，立獻帝，把大權掌握在自己手裡。」

把它**踹塌了**……

傅樂成《中國通史》：
「東漢帝國的命運，便斷送在他和他的胡漢兵團手中。」

這下好了，**各地**「黑勢力」的**藉口來了**。

翦伯贊《中國史綱要》：
「（董卓）盡攬東漢朝政……州郡牧守各樹一幟，招兵買馬，討伐董卓。」

浩浩蕩蕩**十路人馬**，
打著「愛國」的旗號**殺了過來**。

軍事科學院《中國軍事通史》：「他們打出『誅除國賊』、『並赴國難』的旗幟，討伐董卓。」

史稱**「關東軍」**。

張大可《張大可文集·三國史》：「十路諸侯都在關東中原，所以史稱關東軍，又稱關東兵起。」

然而聯軍**人數雖多**，

張大可《張大可文集·三國史》：「關東聯軍十倍於董卓軍。」

大家心裡的**「小九九」**卻**不一樣**。

* 小九九：比喻為自己謀算。

白壽彝《中國通史》：「關東諸軍名為討董卓，實際各自心懷鬼胎。」

雖然有一**部分**是真心**想救國**的，

但**大部分**都只是想趁機**撈一把**。

張大可《張大可文集・三國史》：「各路諸侯……坐觀形勢，擴充勢力。」

所以**大軍**開到**皇都跟前**，

軍事科學院《中國軍事通史》：「北線以袁紹與河內太守王匡進駐洛陽以北之河內郡……東線以劉岱、張邈……統率十數萬兵進駐洛陽以東之酸棗……南線以袁術進駐洛陽以南的魯陽。」

就**停下**來了……

白壽彝《中國通史》：「各州郡長官各懷異心，遷延日月，保存實力……誰也不肯去和董卓的軍隊交鋒。」

每天在那兒**野餐**和**開音樂祭**。

（反正誰也不願意第一個上去打。）

白壽彝《中國通史》：「酸棗駐軍的將領每日大擺酒宴。」

可憐的**小皇帝**不但**沒人**來救，

還被董卓喵**綁架**去了西邊……

白壽彝《中國通史》：「董卓見關東盟軍聲勢浩大，乃挾持獻帝，驅趕洛陽百姓遷都長安。」「（董卓）自己留居洛陽抵禦關東軍。」

不過董卓喵去了西邊**沒多久**，

就因為**團隊內訌**……

《資治通鑑．漢紀五十一》：

「初平元年（一九〇年）……酸棗諸軍食盡，眾散。」

《資治通鑑．漢紀五十二》：

「初平二年（一九一年）……四月，董卓至長安。」

軍事科學院《中國軍事通史》：

「（董卓）進一步控制朝廷大權……以殘忍的誅殺立威……遭到司徒王允眾朝臣不露聲色的反抗，又與并州軍事集團產生裂痕，處境日益孤立。」

「掛」了……

翦伯贊《中國史綱要》：

「不久以後，長安發生政變，董卓被殺。」

眼看**中原無主**，

張大可《張大可文集・三國史》：「漢獻帝西遷，中原無主。」

這下**軍閥**們徹底**放飛**自我了。

大家開始了**互毆模式**。

張大可《張大可文集・三國史》：「各路諸侯立即展開了火拼。」

群雄割據的時代就此**展開**。

王克奇《山東政治史》：「歷史進入了州郡割據時代。」

然而，在**大家**都為自己**搶地盤**的時候……

王仲犖《魏晉南北朝史》：「關東軍統帥部內部……不斷發生矛盾。開始，兗州刺史劉岱和東郡太守橋瑁發生摩擦，劉岱火拼了橋瑁，派王肱去代理東郡太守。不久，袁紹也奪取了冀州牧韓馥的地盤，而自領冀州牧……」

有一個喵，
當時卻懷抱著炙熱的**救國之心**。

宋杰《曹操陳留起兵史跡考辨》：
「……（曹操）在青年時代疾惡如仇，不畏權貴，盡力維護漢室統治。」

他就是**曹操喵！**

張大可《張大可文集·三國史》：
「曹操起兵陳留，與諸侯會合……被張邈任命為代理奮武將軍。」

在眾聯軍都在**開派對**的時候，

張大可《張大可文集·三國史》：
「各路諸侯，同床異夢，每天飲酒宴會，不圖進取。」

曹操喵是第一個帶兵**過去打**的。

跟我上！

張大可《張大可文集．三國史》：「曹操孤軍深入攻向滎陽。」

只不過**打輸了**……

白壽彝《中國通史》：「曹操行至滎陽汴水，與董卓軍遭遇，大敗，士卒死傷大半，自己也被流矢所傷。」

可惡！一個來幫忙的都沒有！

可他的**出現**，
讓東漢末年的**歷史**蕩開了**漣漪**。

在**漢末**飄搖的風雨中，
慘遭失敗的曹操喵……

張大可《張大可文集・三國史》：「關東諸侯起兵討伐董卓，爆發了東漢末年的軍閥大混戰，群雄林立，東漢統治崩潰，實際上已名存實亡。」

還會堅持**拯救大漢**嗎？

（且聽下回分解。）

編者按

東漢初年，為了防止地方割據作亂，朝廷裁減地方武官，廢除了地方軍隊。但到晚期，為了快速鎮壓農民起義，朝廷在各州設州牧，賦予其擁兵權。農民起義雖得到壓制，但地方募兵也得以合法化。各地官員、豪強皆擁兵自重，給中央政權以直接的威脅。關東軍以討董為名起兵，從三個方向包圍洛陽。北邊有王匡和盟主袁紹，駐河內郡；南邊有袁術，駐魯陽；其餘人幾乎全駐紮在洛陽以東的酸棗，是聯軍的主力。其中，曹操作為張邈部下駐紮在東，孫堅作為袁術部下駐紮在南。雖然主兵力多達十幾萬，關東各軍卻不能同心協力，解散後更是公然兼併混戰，使關中及中原一帶「白骨露於野，千里無雞鳴」（曹操《蒿裡行》）。東漢自此進入空前混亂的紛爭時期。

參考來源：《三國志》、《資治通鑒》、周桂鈿《秦漢思想史》、范文瀾《中國通史簡編》及《中國史綱要》、白壽彝《中國通史》及《中國通史綱要》、翦伯贊《中國史綱要》、呂思勉《中國通史》、傅樂成《中國通史》、軍事科學院《中國軍事通史》、王仲犖《魏晉南北朝史》、張大可《張大可文集·三國史》、王克奇《山東政治史》、宋傑《曹操陳留起兵史跡考辨》

附錄

【宅三十年】

董卓退到西邊的長安後
建了個大堡壘，
裡面屯了三十年的糧食，
表示萬一他打敗仗了，
還能退守在這裡三十年不用愁。

【寡頭相國】

董卓當相國後拉攏過很多人，
比如袁紹、袁術和張邈。
但他們都很不給董卓面子，
不是立刻翻臉，
就是沒過多久跟他鬧翻……

【散財起兵】

曹操是最早去討伐董卓的人，
帶的是他自己的第一支軍隊，
這支軍隊是
他散盡家財而組建起來的義兵。

一群喵檔案

饅頭小劇場

《龍套三兄弟 1》

我們是龍套三兄弟，
是要稱霸這所學校的男人！
大哥！咱們今天去欺負那兩個倒楣鬼吧！
前面兩個小子給我站住！
需要幫忙嗎？
嗯？
沒……
沒事。

《龍套三兄弟 2》

我們是龍套三兄弟，
想不到學校裡有這麼可怕的人！
心有餘悸啊……
嚇死我了……
大哥！要不我們去調戲個小妞散散心吧！
砰!!
撞！
啊……
看來要征服這所學校不容易啊……
呃……
呃……

饅頭

天蠍座

生日：10 月 31 日

身高：168 公分

不擅長的事：唱歌

愛喝的飲料：啤酒

（饅頭擬人介紹）

驚蟄

第四十二回 ◉ 逐鹿中原

皇帝到處飄，

白壽彝《中國通史》：「獻帝劉協自被董卓劫至長安後，一直處於顛沛流離之中。」

軍閥四處亂。

范文瀾《中國通史簡編》：「劉協（漢獻帝）在位時期，鎮壓起義農民的軍閥們，割據土地，互相攻殺。」

這就是**東漢末年**的情況。

張大可《張大可文集·三國史》：「東漢末年，群雄割據，四分五裂，天下生靈，肝腦塗地。」

在這個大家**不理國家**死活，
只想撈好處的時代，

范文瀾《中國通史簡編》：
「統治階級的軍閥們……
藉皇室統治權動搖的機會，
擁兵爭奪權利。」

倒是有**一個喵**一心想著**救國**。

他……就是**曹操喵**！

《三國志·武帝紀》：
「太祖武皇帝……姓曹，諱
操，字孟德。」
張大可《張大可文集·三國
史》：
「（曹操）有扶危濟困之
心，身心表率要挽救漢室將
傾的大廈。」

曹操喵是**太監**的**孫子**。

白壽彝《中國通史》：「曹操的祖父曹騰，是東漢末年宦官集團中的一員。」

所以**他爹**是誰的**兒子**，

一直**是個謎**……

白壽彝《中國通史》：「父親曹嵩，是曹騰的養子。曹嵩的出身，當時就搞不清楚。」

東漢時期，

國家就是被一些**太監搞亂**的。

方詩銘《曹操起家與袁曹政治集團》：「宦官控制朝政，則被認為是災難的根。」

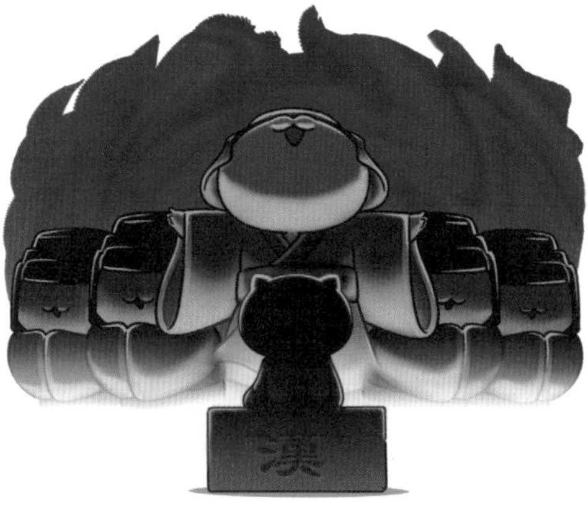

於是作為太監的**孫子**，

曹操喵從小就沒少**被鄙視**。

軍事科學院《中國軍事通史》：「曹操的宦官（家庭）出身，為一些人所不齒。」

可能正**因為如此**，
曹操**從小**就有**證明自己**的想法。

二十歲的時候，

他就考上了國家**公務員**。

白壽彝《中國通史》：「靈帝熹平三年（一七四年），二十歲的曹操被舉為孝廉，入洛陽為郎。」

沒多久又當了**洛陽北部尉**，

白壽彝《中國通史》：「不久，被任命為洛陽北部尉。」

也就是首都北區**警察局局長**。

作為一個渴望幹出成績的熱血青年，
曹操喵執法嚴明。

冷
酷

白壽彝《中國通史》：「曹操一到職，就申明禁令、嚴肅法紀。」

反正**不管**你是不是**皇親國戚**，

老子上面有人，你打我一下試試！

《三國志·武帝紀》裴松之注引《曹瞞傳》：「有犯禁者，不避豪強。」

該打死的就打死……

你再說一句試試？
老子要你命！

《三國志·武帝紀》裴松之注引《曹瞞傳》：「皆棒殺之。」

在他的**治理**下，

Go die：流行用語，意指「死了」。

地方**沒有**誰是**敢鬧事**的。

《三國志·武帝紀》裴松之注引《曹瞞傳》：「京師斂跡，莫敢犯者。」

然而這樣的**愣頭青**……

百姓很**愛戴**。

范文瀾《中國通史》：「（曹操）擔任濟南相時，毀掉了六百多座邪神祠廟，得到老百姓擁護。」

貪官汙吏們對他則**恨得牙癢癢**，

《三國志·武帝紀》裴松之注引《魏武故事》：「（曹操）為強豪所忿。」

想盡辦法向**中央**說他**壞話**。

這樣的政治環境不得不
讓曹操喵重新審視這個皇朝……

白壽彝《中國通史》：「當時正是東漢政治極度黑暗之時，曹操不肯迎合權貴，遂託病回歸鄉里，春夏讀書，秋冬弋獵，暫時隱居了。」

經過幾年**韜晦**，
曹操喵被調去當**典軍校尉**，

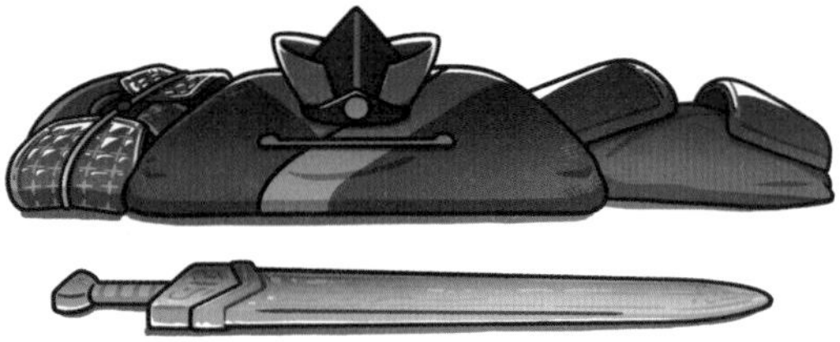

《三國志·武帝紀》：「徵太祖為典軍校尉。」

也就是**中央警衛團營長**。

而從**那個時候起**，

朝廷就**亂了**……

《三國志．武帝紀》：「天下騷動……卓到，廢帝為弘農王而立獻帝，京都大亂。」

皇帝**被挾持**，

范文瀾《中國通史》：「大軍閥董卓……控制皇帝，發號施令起來。」

軍閥**在亂鬥**。

宋杰《曹操逐鹿中原兵力部署與作戰方向的改變》：「中原陷入群雄割據混戰的局面。」

國家亂成了**一鍋粥**……

軍事科學院《中國軍事通史》：「天下紛爭，四分五裂。」

於是乎，

擺在曹操喵面前的只剩下**兩條路**。

一條是**別加入**，回家種田。

軍事科學院《中國軍事通史》：「曹操企圖維護漢室正統地位和國家統一，但無力回天。他不參加割據……」

但這樣**別說救國**，

自己哪天**被砍了**都不知道。

軍事科學院《中國軍事通史》：「……就沒有立身之地。」

二是**抄起傢伙**砍他喵的。

軍事科學院《中國軍事通史》：
「參加割據……」

通過**壯大自己**，
還有可能**搶救**天下。

軍事科學院《中國軍事通史》：
「……反而有可能走一條割據、兼併、統一的新道路。」

經過一番**掙扎**，
曹操喵決定**跟他拚了！**

軍事科學院《中國軍事通史》：
「在這一形勢下，曹操改變態度，捲入割據浪潮。」

可……

軍隊和**地盤**從哪兒來呢……

剛好這會兒**天下大亂**，

張大可《張大可文集・三國史》：「董卓西遷，東方諸侯開始了混戰。河北、山東的黃巾也乘勢而起。」

喵民們紛紛**起義**。

傅樂成《中國通史》：
「黃巾亂起……青州黃巾倡亂，攻入兗州，殺刺史劉岱。」

曹操喵**被邀請**過去**幫忙鎮壓起義**。

曹文柱《白話三國志》：
「鮑信……等人到東郡去迎接太祖兼任兗州牧。於是太祖進擊壽張縣東面的黃巾。」

你們要知道，
當時的**喵民們**都是**被迫造反**的。

范文瀾《中國通史》：
「農民實在沒有活路……被迫打出了造反的旗號，開始聚眾起義。」

種地才是他們最大的**夢想**。

柳春藩《三國史話》：「青州軍給曹操寫信說：『你過去在濟南毀壞神壇，這個精神和我們黃巾軍的道理相同。』」

再加上他們都**敬佩曹操喵**以前的治理，

在這種情況下，
曹操喵**一邊揍**他們，

范文瀾《中國通史》：「曹操從黃巾軍的來信中看出他們沒有鬥志，而且對自己挺欽佩，於是他以軍事進攻為主……」

一邊又**安撫他們**……

范文瀾《中國通史》：
「……以誘降為輔。」

喵民起義軍**哪裡玩得過他**……

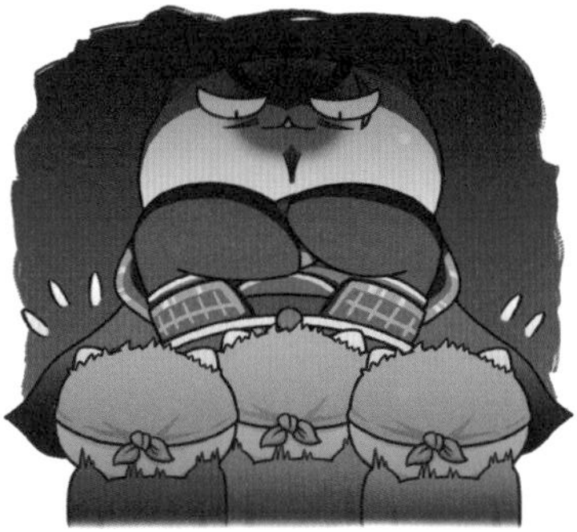

范文瀾《中國通史》：
「青州黃巾軍缺乏能幹的統帥，哪裡鬥得過曹操。」

三十萬降軍，
最終被**收編入**曹操喵麾下。

范文瀾《中國通史》：
「他們（黃巾軍）放下武器投降了。曹操從這支農民軍中挑選出青壯年三十萬人。」

這就是有名的**青州軍團**。

范文瀾《中國通史》：「……稱為『青州軍』。從此，青州兵就成為了曹軍的骨幹。」

藉著**青州軍團**的兵力，
曹操喵**趁機向南**拓展勢力。

軍事科學院《中國軍事通史》：「曹操佔據兗州後……東征徐州……東征期間，兗州發生叛變……於是曹操展開保衛兗州的作戰……曹操收復兗州……乘勝攻擊州南的豫州。」

經過**四年**的經營，

東漢**十三州中**的**兗、豫**兩州被曹操成功**拿下**。

軍事科學院《中國軍事通史》：

「曹操在兵力不多、沒有地盤的條件下起步，不到五年，便割據兗州和豫州大部。」

地跨**兩個省**的地盤，

數十萬軍隊……

張大可《張大可文集・三國史》：

「曹操……佔有河南兗豫兩州。」

范文瀾《中國通史》：

「收編了三十萬青州兵。」

曹操喵從**光杆司令**，

搖身成為**一方新秀**，

范文瀾《中國通史》：

「曹操成了一個勢力超群的大軍閥。」

正式坐到了東漢末年，
群雄割據的**牌桌前**。

宋傑《曹操逐鹿中原兵力部署與作戰方向的演變》：「（曹操）所部從此令人刮目相看，成為參與逐鹿中原的一支雄師勁旅。」

而在這**強敵環伺**的亂世中，
他的**下一步**又該怎麼走呢？

張大可《張大可文集·三國史》：「河北有袁紹，南邊有荊州劉表，東邊有徐州呂布，東南有淮南袁術，西邊關中有馬騰、韓遂……」

（且聽下回分解。）

編者按

從古到今，曹操的形象一直頗有爭議。《三國志》、《資治通鑒》等史料和一眾歷史學家營造出了其歷史形象，如翦伯贊曾在《光明日報》上發表名為《應該替曹操恢復名譽》的文章，他高度讚揚曹操是第一流的政治家、軍事家和詩人，充分肯定曹操的傑出功績。而以《三國演義》為代表的一些作品營造出了其文學形象，他們視蜀漢政權為正統，對曹操持明顯的貶低態度。經過文學和戲劇作品對曹操白臉奸臣的塑造，曹操亂世奸雄的形象深入人心。「白臉的曹操」甚至成了一類人的代表。但是從歷史角度來說，曹操統一北方，發展經濟，改革政治，對漢末北方社會的貢獻是無法否認的。以文學形象來武斷地評價曹操，也是不合適的。

曹操——煎餅（飾）

參考來源：《三國志》、白壽彝《中國通史》、傅樂成《中國通史》、范文瀾《中國通史簡編》及《中國通史》、張大可《張大可文集·三國史》、方詩銘《曹操起家與袁曹政治集團》、軍事科學院《中國軍事通史》、宋傑《曹操逐鹿中原兵力部署與作戰方向的改變》、曹文杜《白話三國志》、柳春藩《三國史話》

附錄

【詩人曹操】

曹操在文學方面也有所成就，
共有二十多首樂府詩和
數十篇文章傳世，
其中不乏“老驥伏櫪，志在千里”
這樣大家耳熟能詳的名句。

【死忠粉】

曹操是《孫子兵法》的「腦殘粉」，
不僅反覆研讀，
還結合自己的實戰經驗為其作注，
整理成《孫子略解》一書。

【幸運 A*】

曹操不僅能打，
運氣也很好。
打仗失利撤軍時，
迎面碰到的敵軍居然都沒認出他，
眼睜睜地看他逃脫了。

* 幸運 A：遊戲屬性中的幸運值。

群喵檔案

煎餅小劇場

《秘密通話》

《暗中交易》

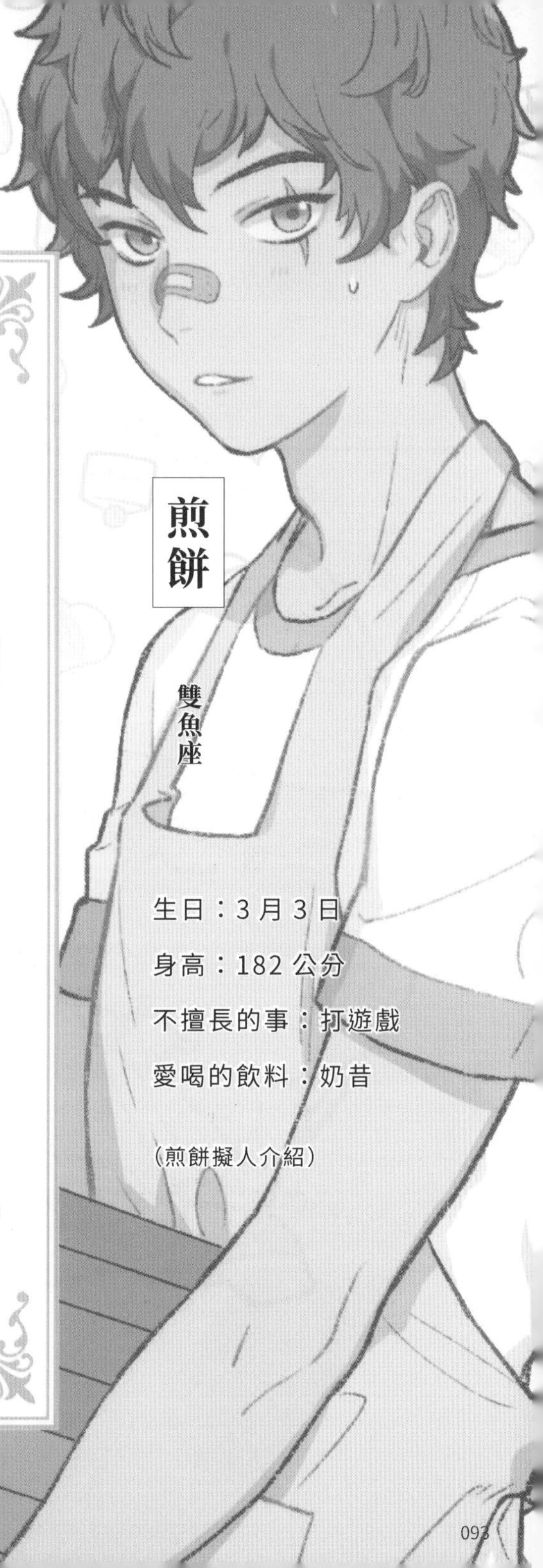

煎餅

雙魚座

生日：3 月 3 日

身高：182 公分

不擅長的事：打遊戲

愛喝的飲料：奶昔

（煎餅擬人介紹）

春分

第四十三回 ◉ 孟德崛起

西元**190年**，洛陽**大火**。

《三國志・武帝紀》：
「初平元年（一九〇年）……卓留屯洛陽，遂焚宮室。」

年幼的**皇帝**被**挾持**出國都。

《三國志・武帝紀》：
「（董卓）徙天子都長安。」

從此**天下大亂**。

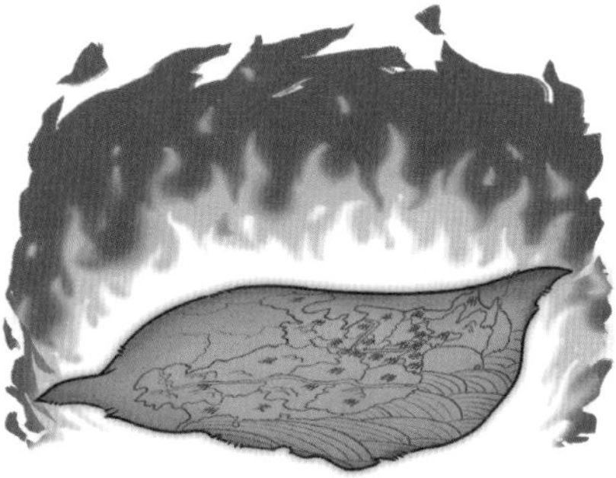

張大可《張大可文集・三國史》：
「東漢末年群雄割據，四分五裂，天下生靈，肝腦塗地。」

各地**武裝勢力互相爭鬥**，

傅樂成《中國通史》：
「軍閥們展開混戰。」

形成了**分裂**的**割據**局面。

呂思勉《三國史話》：
「董卓截遷獻帝之後，東方州郡……趁機割據地盤。」

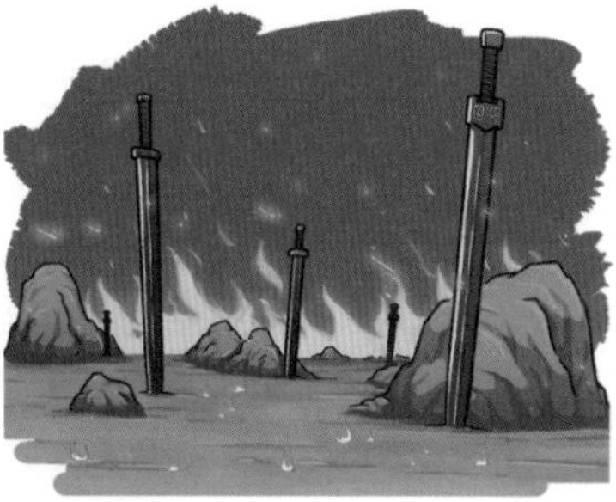

而這時，一個喵的崛起……
成為了**東漢**最後的**希望**。

張大可《張大可文集·三國史》：
「……尚有扶危濟困之心，身心表率要挽救漢室將傾的大廈。」

沒錯，他就是**曹操喵**。

《三國志·武帝紀》：「太祖武皇帝，沛國譙人也，姓曹，諱操，字孟德。」

張大可《張大可文集·三國史》：「曹操當時尚有規複漢室之心。」

在這**混亂**的形勢下，
曹操喵**迅速**拿下了**兩州之地**。

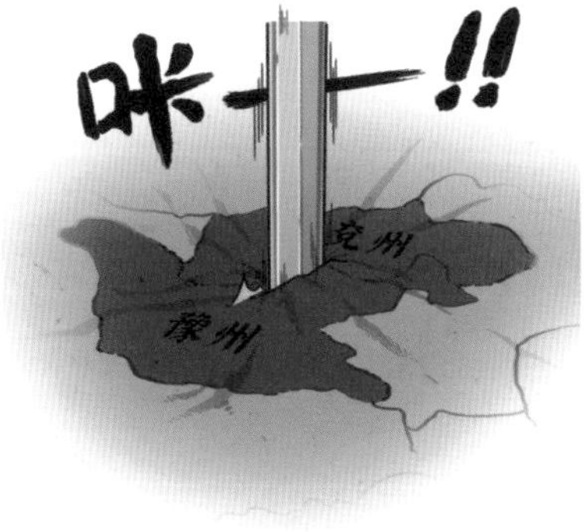

軍事科學院《中國軍事通史》：「（曹操）不到五年，便割據兗州和豫州大部。」

還吞下了**三十萬起義軍**。

白壽彝《中國通史》：「曹操……將黃巾擊敗。獲降卒三十餘萬，人口百餘萬。曹操收其精銳，組成軍隊，號『青州兵』。」

成為了**爭霸天下**的一股**新力量！**

白壽彝《中國通史》：「曹操異軍突起。」

可問題是……

這**三十萬**農民起義軍，

卻附帶了**一百多萬隨軍家屬……**

曹文柱《白話三國志》：「太祖（曹操）得降兵三十多萬，家屬男女百餘萬口。」

而且還帶著**種地**的傢伙。

張履鵬、郭春顯《兩漢名田制的興衰》：「勞動力、耕牛、農具是鎮壓黃巾起義中擄獲的。」

這麼多**人**……
怎麼養活呢？

許輝、邱敏《江蘇通史．魏晉南北朝傳》：「東漢末年，天下大亂……土地荒蕪，糧食匱乏……軍閥混戰的加劇，使得他們在戰爭期間經常出現無糧可食的局面。曹操也有這樣的遭遇……如何安置這數量龐大的流民，成為擺在曹操面前重要的問題。」

當時的情況下，
全國大亂。

林劍鳴《秦漢史》：「黃巾起義後，東漢政權實際已被在鎮壓農民起義過程中壯大起來的各武裝集團瓜分，名存實亡。」

到處都在**打仗**。

亂

林劍鳴《秦漢史》：「各武裝集團……因爭奪地盤進行長期混戰。」

喵民們不是造反了，

走！跟老子造反去！

范文瀾《中國通史》：「農民……聚眾起義。」

就是被抓去造反……

走！跟老子打仗去！

白壽彝《中國通史》：「豪強地主……從自己控制下的依附農民中挑選精壯，組織部曲私兵。」

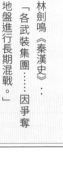

到處都是**無人耕種**的**土地**。

軍事科學院《中國軍事通史》：「當時，農業生產慘遭破壞，戰亂造成土地大量荒蕪，人口大量流亡。」

於是乎，

曹操喵**決定**實行**屯田制**。

《三國志・武帝紀》：「建安元年（一九六年）……始興屯田。」

意思就是：

把無主的土地分出去給大家種。

軍事科學院《中國軍事通史》：「兗州、豫州的大量無主荒田變成了公田……曹操……招募流民，在許都一帶公田上耕作屯田。」

種出來的**糧食**，

一半上交，一半給喵民。

張履鵬、郭春顯《兩漢名田制的興衰》：「民屯……收成與國家分成：使用官牛者，官六民四；使用私牛者，官民對分。」

士兵們則**平時種地**，

張履鵬、郭春顯《兩漢名田制的興衰》：「軍屯以士兵屯田。」

戰時打仗。

張履鵬、郭春顯《兩漢名田制的興衰》：「一邊戍守，一邊屯田。」

這樣的方式，
曹操喵不僅**解決**了**流民問題**，

白壽彝《中國通史》：「曹操先後採取招懷流民、遷徙人口、勸課農桑、興修水利、檢括戶籍等辦法，充實編戶，恢復農業生產。」

還使自己**實力大漲！**

軍事科學院《中國軍事通史》：「曹操通過屯田，開闢了穩定的糧源……給曹操的戰爭奠定了可靠的物質基礎，成為曹操由弱變強的重要因素。」

可無論曹操喵如何**強大，**

始終是**太監**的孫子……

軍事科學院《中國軍事通史》：「（曹操）祖父曹騰是大宦官，父親曹嵩是曹騰養子。」

在東漢那個**看出身**的時代，

馬良懷《曹操的自卑與超越》：
「在傳統觀念裡，宦官……是社會中最為卑賤污穢的『刑餘之醜』，歷來受人輕蔑……特別是在士大夫的眼中，他們依然是一群令人厭惡的『刑餘之醜』，恥與他們及其親屬共事。」

曹操喵的**出身**根本**吸引不了**人才……

方詩銘《曹操安定兗州與曹袁關係》：
「曹操以（已）屬於『贅閹遺醜』，出身於大宦官家庭，最初並不是一個具有特殊號召力的人物。」

怎麼辦呢？

含勞健保!!
虛位以

大家還記得被挾持的**小皇帝**嗎？

白壽彝《中國通史》：「獻帝劉協自被董卓劫至長安後，一直處於顛沛流離之中。」

沒錯，

就是那個啥**權力**都**沒有**的**漢獻帝**。

漢獻帝
唔唔唔唔唔唔！
唔唔唔唔唔唔！

張大可《張大可文集·三國史》：「漢獻帝劉協是董卓扶植的一個傀儡，有皇帝之名而無皇帝之實。」

雖然國家亂了，

但名義上他還是這個國家的**天子**呀！

軍事科學院《中國軍事通史》：「戰亂中人心思統一，而統一的象徵是漢獻帝。」

在這個大家都**不守道義**的**亂世**，

曹操喵要做的，

便是**想辦法佔領道德高地**。

軍事科學院《中國軍事通史》：「（曹操）決定在戰爭中打出奉漢的旗幟……維護大義以羅致英俊。」

為此，他在屯田之前就**迎奉**了小皇帝。

《三國志．武帝紀》：
「建安元年春正月……太祖將迎天子。」
馬植杰《論曹魏屯田的創始時間及有關問題》：
「……建安元年（屯田）獲得了豐收，所以『後遂因此大田』，其中的『後』字，是指建安元年以後。」
注：可知，曹操迎獻帝，而後正式大規模推廣屯田。

維護了東漢最後一個**標誌**。

有了**皇帝**這塊**招牌**，

軍事科學院《中國軍事通史》：
「曹操把獻帝遷到許縣以後。」

曹操喵的**陣營**一下子成了**新的中央**。

軍事科學院《中國軍事通史》：
「（曹操）建立宗廟社稷，恢復禮儀制度，大權獨攬……曹操從此由一般的割據者，上升為東漢政府實際的首腦。」

大量人才紛紛向他**投履歷**。

翦伯贊《中國史綱要》：
「許多士人遠道來奔，攀附曹操。」

而且在那個**亂世**，
高舉天子旗幟的曹操喵……

白壽彝《中國通史》：
「曹操借天子以自重。」

顯得打誰都是**正義**的**行為**。

（反正就是賺翻了。）

皇上說看他們不爽！削他們！

軍事科學院《中國軍事通史》：「曹操統一北方的戰爭，也因此塗（戴）上合法的和正義的光環。」

口碑、**土地**和**軍隊**都有了。

奉天子
以令 不臣

曹操喵**戰鬥力暴漲**，

孟祥才《論荀彧》：

「（曹操）很快兼併河南之地，爭取到關中割據者表態歸順，使自己的勢力很快發展到長江以北的廣大地區。」

一躍成為了**北方強勁**的**勢力**。

軍事科學院《中國軍事通史》：

「從建安二年（一九七年）正月到三年十二月……（曹操）基本統一了黃河以南，發展成跨州的大勢力。」

那麼，曹操喵能**順利**地**發展**下去嗎？

沒有。

因為**北方**還有一個**大軍閥**存在。

白壽彝《中國通史》：

「……出身於東漢後期一個勢傾天下的世家……是當時北方最強大的一股勢力，也是曹操統一北方最強大的敵人。」

他是誰呢？

（且聽下回分解。）

編者按

初平三年（一九二年），曹操的臣子就提出「奉天子」和「修耕植」的建議，但當時作戰頻繁，實施條件不成熟。據《三國志》記載，曹操在建安元年開始屯田（「是歲……始興屯田」），同年九月左右，將天子接到許都（「九月，車駕出轘轅而東」）。漢政權雖已傾覆，但在混亂的局勢中，獻帝仍是道義的代表。獻帝在，「正統」就在。故擁有獻帝就能最大限度地籠絡心系漢室的士大夫。曹操迎奉天子之後，避亂、流浪的士大夫果真紛紛奔赴曹營，「用自己的社會威望來為他穩定局勢」（翦伯贊《中國史綱要》）。士大夫們想借曹操之力消滅割據，復興漢家天下。如有名的謀士荀彧，他堅決支持曹操迎奉天子，還多次為曹操推薦賢士。可惜漢室已然傾頹難救，曹操最終也踏上分裂之路。

曹操——煎餅（飾）

參考來源：《三國志》、傅樂成《中國通史》、呂思勉《三國史話》、白壽彝《中國通史》、范文瀾《中國通史》、張大可《張大可文集·三國史》、軍事科學院《中國軍事通史》、曹文柱《白話三國志》、翦伯贊《中國史綱要》、張履鵬和郭春顯《兩漢名田制的興衰》、許輝和邱敏《江蘇通史·魏晉南北朝卷》、林劍鳴《秦漢史》、馬良懷《曹操的自卑與超越》、方詩銘《曹操安定兗州與曹袁關係》、馬植杰《論曹魏屯田的創始時間及有關問題》、孟祥才《論荀彧》

附錄

【物歸原主】

曹操給漢獻帝置辦生活用品時，
謊稱這些是皇家賜的東西，
自己只是歸還而已，
充分照顧了窮皇帝的面子，
皇帝龍心大悅。

【誘拐獻帝】

戰亂缺糧，
曹操「拐騙」漢獻帝時對他說：
「這裡沒飯吃，
去我那兒附近吃個飯吧。」
結果這飯一吃就再也走不掉了。

【沉迷種地】

曹操實行屯田的時候，
整個軍團都沉迷種田。
一次敵軍都打進大本營了，
大部隊卻在收麥子，
差點被團滅。

吵什麼吵！
麥子還沒收完呢！

群喵檔案

花卷小劇場

《坐飛機 1》

《坐飛機 2》

花卷

獅子座

生日：8月15日

身高：179公分

不擅長的事：殺價

愛喝的飲料：香檳

（花卷擬人介紹）

清明

第四十四回 ◉ 官渡對峙

自從**東漢末**天下**大亂**，

白壽彝《中國通史》：「東漢末天下大亂……百姓流徙，居無定所。」

各個片區的**豪強們**就開始**互砍**。

范文瀾《中國通史》：「豪強們……公開進行著瘋狂的武裝混鬥，黑暗的東漢後期轉入了社會空前大破壞的分裂時期。」

漢朝的**疆土上**形成了大大小小的**割據勢力**。

樊樹志《國史概要》：「各地的豪強紛紛組織武裝力量，修築塢堡，佔據地盤，形成了大大小小的割據勢力。」

其中曹操喵**手握天子**，

范文瀾《中國通史》：
「曹操……親自率兵迎漢獻帝到潁川郡的許昌。」

高舉**正義**的旗幟！

范文瀾《中國通史》：
「（曹操）用漢獻帝的名義發號施令，政治上握有主動權。」

迅速**打下**了**黃河以南**的疆域。

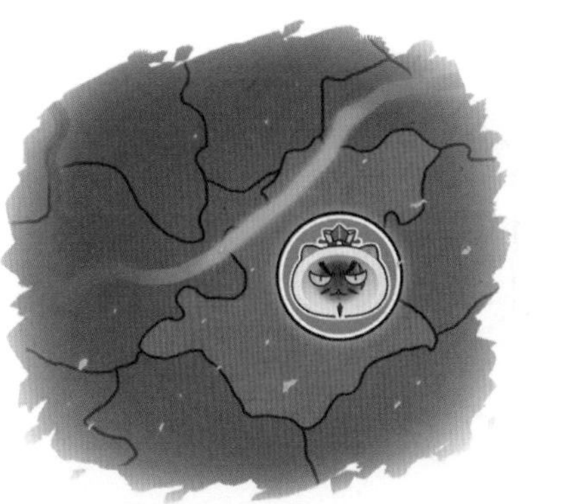

白壽彝《中國通史》：
「曹操借天子以自重，掠取了河南大片土地，甚至關中的割據勢力也紛紛來歸附，勢力發展很快。」

然而**隨著**勢力的**壯大**，
一個**強大的對手**出現在曹操喵的**面前**。

他便是**袁紹喵**！

白壽彝《中國通史》：「袁紹，字本初……出身於東漢後期一個勢傾天下的世家。」

說起來，
袁紹喵與曹操喵**從小**就是**一起混**的，

白壽彝《中國通史》：「曹操和袁紹自幼就有交往，知己知彼。」

小時候就沒少**搗亂**。

《世說新語．假譎》：「魏武少時，嘗與袁紹好為遊俠。觀人新婚……魏武乃入，抽刃劫新婦。與紹還出，失道，墜枳棘中，紹不能得動。復大叫云：『偷兒在此！』紹遑迫自擲出，遂以俱免。」

注：《世說新語》是中國最早的一部文言志人小說集，主要記載東漢後期到晉宋間一些名士的言行與軼事，僅供參考。

袁紹喵**祖上**都是**朝廷重臣**，

張大可《張大可文集．三國史》：「袁氏家族……官大資深，門生故吏遍天下。」

所以憑藉著**「官五代」**的身份，

白壽彝《中國通史》：「從他（袁紹）的高祖父袁安起，四世之中有五人官拜三公。」

他每天搞聚會**開派對**。

軍事科學院《中國軍事通史》：「（袁紹）少年時代刻意養名……廣泛結交遊俠和豪傑……聲譽鵲起。」

然後認識各種**「網紅」**……

馬植杰《三國史》：「袁紹本人『能折節下士，士多附之』。」

長大後，
兩喵**一起**在朝廷**當軍官**。

軍事科學院《中國軍事通史》：「他（曹操）與袁紹是青年密友，西園新軍中的同僚。」

可**沒多久**，朝廷就亂了。

白壽彝《中國通史》：「中平六年（一八九年），董卓進入洛陽，廢少帝，立獻帝劉協，後又殺太后及少帝，自稱相國，專擅朝政。」

袁紹喵**帶頭**組建**討伐**逆賊的**關東軍**。

樊樹志《國史概要》：
「曹操、袁紹起兵反對……」
張大可《張大可文集・三國史》：
「關東兵起，眾諸侯推袁紹為盟主。」

這兩個傢伙雖然從小**一起長大**，

《三國志・董二袁劉傳》：
「太祖（曹操）少與（袁紹）交焉。」

志向卻不同。

在國家**有難**的時候，

一個想的是**壯大自己**，

田余慶《秦漢魏晉史探微》：「袁紹……身為盟主，只盤算如何擁兵自重，如何在各路盟軍間挖牆腳。」

一個則更多的是**想著救國**。

馬植杰《三國史》：「曹操還是一個有作為（的人）……就是對劉氏皇室，他也想維護匡救。」

所以，

袁紹喵帶領的**關東軍走到一半就不走了。**

門前大橋下
游過一群鴨

白壽彝《中國通史》：「各州郡長官各懷異心……每日大擺酒宴，誰也不肯去和董卓的軍隊交鋒。」

倒是曹操喵第一個衝上去打。

張大可《張大可文集·三國史》：「曹操率先行動，獨力追擊。」

跟我上！

然後，被揍得**很慘**……

張大可《張大可文集·三國史》：「由於寡不敵眾，曹操全軍覆沒，自己也受了箭傷。」

隨著**中央**的**暗弱**，

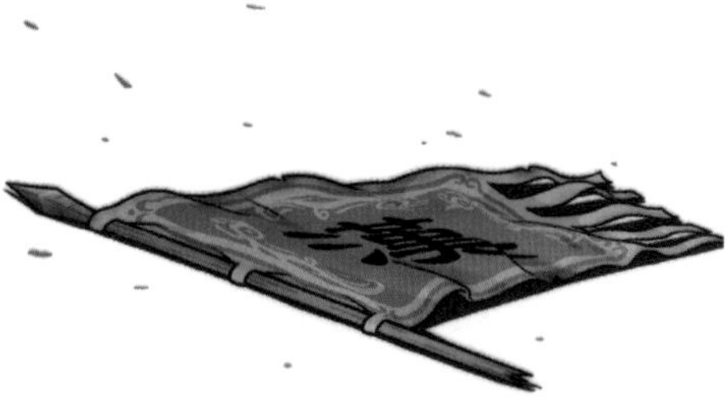

原本打算**「救國」**的**軍閥們**，
乾脆開始**互相搶地盤**。

馬植杰《三國史》：
「諸人對董卓打仗，雖畏縮不前，可是自相兼併，越來越賣勁。」

袁紹喵**趁機**往**黃河以北**發展。

王桐齡《中國史》：
「紹用其客逢紀謀，逐韓馥，自領冀州牧……蠶食幽並諸郡，於是河北霸權，漸有入於紹之勢。」

而曹操喵則往**黃河以南**發展。

軍事科學院《中國軍事通史》：「曹操根據全國形勢和自身情況，確立了向河南發展的戰略方針。」

兩人雖然**方向不同**

卻**互相配合**。

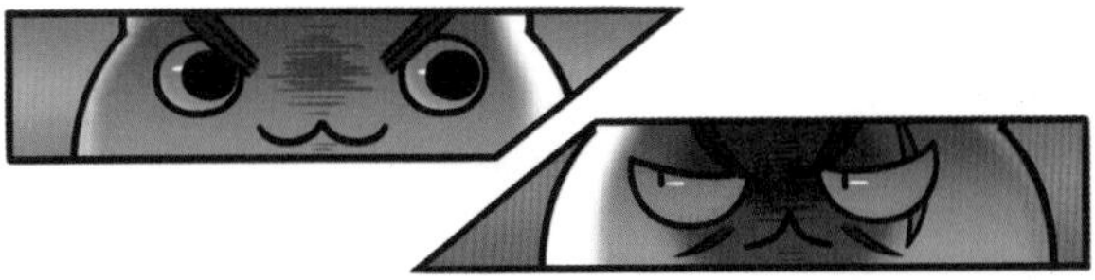

白壽彝《中國通史》：
「袁、曹雙方逐鹿於大河南北。」「袁紹……與曹操連和（聯合）。那時，彼此之間的關係還比較和諧。」

十年時間裡，
一個**稱雄河北**；

軍事科學院《中國軍事通史》：
「（建安）四年（一九九年）春，袁紹消滅公孫瓚，統一了河北。」
注：由中平六年曹操起兵到建安四年袁紹統一河北，共十年左右。

一個則**虎踞河南**。

軍事科學院《中國軍事通史》：
「建安三年（一九八年）底，曹操消滅呂布，大體統一了河南。」
注：曹軍雖佔據黃河以南諸州，也得到關中的歸附，但這大都是飽受戰亂摧殘的重災區，地荒人稀，曹操的側後方有張繡、孫策等暗自覬望，實為隱憂（《中國軍事通史》）。故，不能僅憑占地面積大小來估判雙方勢力強弱。

可你要知道，
這種並肩作戰的**「蜜月」，**
注定**不會**持續下去。

軍事科學院《中國軍事通史》：「但是大河南北這兩地都是平原，地形連為一片，是一個完整的經濟區，不可能長期分裂下去。」

當**南北**的勢力發展到**盡頭，**
最後的**敵人**就只有**對方**了。

軍事科學院《中國軍事通史》：「袁、曹雙方通過戰爭一決雌雄勢在必行。」

西元196年，
原本流離失所的**小皇帝，**
被**曹操喵**接到了自己的陣營裡。

白壽彝《中國通史》：「曹操於建安元年（公元一九六年）……親自到洛陽朝見獻帝。他……把漢獻帝轉移到許縣，在許縣建立新都城，從而把獻帝控制在自己的手中。」

曹操喵從此**聲威大震**，

張大可《張大可文集・三國史》：「曹操掌握了漢獻帝，河南洛陽以南大片土地歸曹操所有，關中也名義上歸附。」

不僅**吸引**了**大批人才**，

喬鳳岐《士族、士人與魏晉隋唐政局研究：以士族個案研究為例》：「曹操迎奉漢獻帝……贏得了一些名士的擁戴，相繼歸附於他。」

他的陣營也成為了**新的中央**。

軍事科學院《中國軍事通史》：「曹操把獻帝遷到許縣以後……恢復禮儀制度。」王明德《從黃河時代到運河時代：中國古都變遷研究》：「自漢獻帝由洛遷許起，許都便成了東漢王朝名譽上的都城。」

這件事為雙方的**對抗**投下了**火種**。

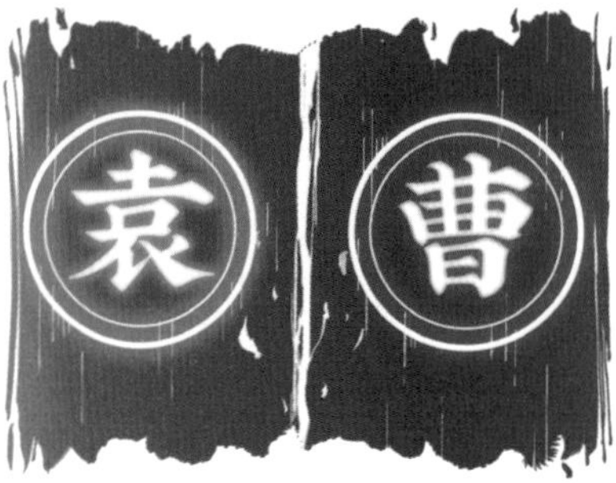

樊樹志《國史概要》：
「曹、袁矛盾的激化，是曹操把漢獻帝遷往許昌，『奉天子以令不臣』以後，逐步加劇的……曹操可以利用皇帝的名義對袁紹發號施令。袁紹對此十分惱怒，指斥曹操是『挾天子以令我』。」

因此，**稱霸河北**後，
袁紹喵要**消滅**的便是**河對岸**的**曹操喵了**……

馬植杰《三國史》：
「紹兼有冀、青、幽、並四州，地廣兵多，成為當時最強大的軍事力量。」
樊樹志《國史概要》：
「曹操成了在北方唯一能與兵多地廣、號稱四世三公門生故吏遍天下的袁紹相抗衡的勢力。」

這場北部中國的**巔峰之戰**，
即將打響。

張大可《張大可文集・三國史》：
「官渡之戰……是北方曹操與袁紹兩大集團之間的一次主力決戰……（奠定）一統北方的基礎。」

面對**來勢洶洶**的**袁紹喵**，

馬植杰《三國史》：「建安五年（公元二〇〇年）正月，袁紹首先向各州郡發佈了一篇討伐曹操的檄文。二月，袁紹親自率領大軍由鄴城南下，進駐黎陽。」

曹操喵要如何應戰呢？

（且聽下回分解。）

編者按

可以說，曹操和袁紹是在相同的歷史條件下登上政治舞臺的。比起曹操「不清白」的身世、萬事都要靠自己爭取的曲折經歷，袁紹可說是順風順水得多。作為豪門世家子弟，他少時就能靠優越的出身廣結名士，培植盤根錯節的勢力；也能當上高官，在官場上握有極大的發言權。眾多觀點均認為袁紹「多謀少決」，但其實他也有「快準狠」的時候。袁紹做的第一件大事，就是跟大將軍何進謀誅宦官。剷除宦官之禍，他功不可沒。此外，他也是豪族實力派中第一個和董卓鬧翻的人，因此他贏得了眾多士族和豪俠的青睞和依附。很多地方勢力起事甚至都會借他的名義。可惜徒有領袖之資格，卻無領袖之方略。迎獻帝，戰曹操，袁紹屢屢「見事遲」，最終落了下風。

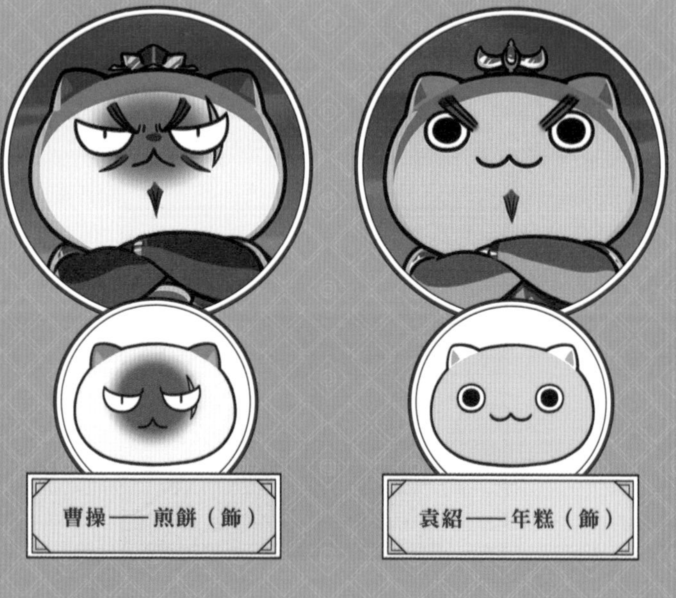

參考來源：《世說新語》、《三國志》、白壽彝《中國通史》、范文瀾《中國通史》、樊樹志《國史概要》、軍事科學院《中國軍事通史》、張大可《張大可文集·三國史》、馬植杰《三國史》、田余慶《秦漢魏晉史探微》、王桐齡《中國史》、喬鳳岐《士族、士人與魏晉隋唐政局研究：以士族個案研究為例》、王明德《從黃河時代到運河時代：中國古都變遷研究》

附錄

【錯失天子】

袁紹的謀士曾提議迎奉天子，
而且比曹操陣營提出得更早，
可惜袁紹不聽，
白白讓曹操搶走漢獻帝，
自此錯失號令天下的主導權。

【罪魁禍首】

袁紹是主張把董卓召到皇都的人，
儘管最後他和董卓翻了臉，
仍有人認為，
他是導致漢末大亂的罪魁禍首之一。

【努力自證】

袁紹雖然出身名門，
可他不是正妻的孩子。
在看重嫡庶的時代，
他只能靠廣交名士
來獲取社會的認可。

百群喵檔案

年糕小劇場

《美夢筆記》

某一天，一本黑色的筆記本從天而降。
嗯？
啪
上面的英文直譯不就是「美夢筆記」？
DREAM NOTE
原來只要寫上對方的名字，他的美夢就會成真。
既然這樣，嘿嘿……
DREAM NOTE
我也不知道為啥會突然出現這麼多可愛的衣服……

《年糕百科》

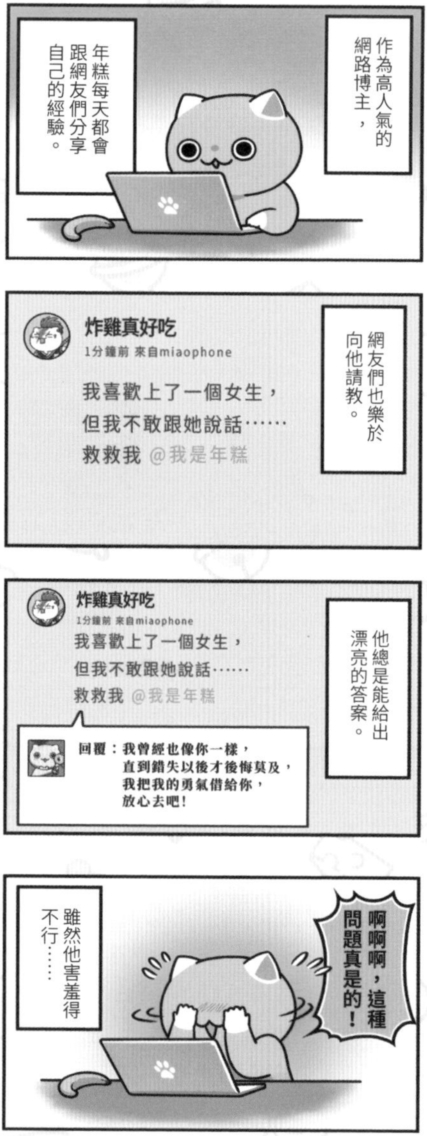

作為高人氣的網路博主，
年糕每天都會跟網友們分享自己的經驗。
網友們也樂於向他請教。
炸雞真好吃
1分鐘前 來自miaophone
我喜歡上了一個女生，
但我不敢跟她說話……
救救我 @我是年糕
他總是能給出漂亮的答案。
炸雞真好吃
1分鐘前 來自miaophone
我喜歡上了一個女生，
但我不敢跟她說話……
救救我 @我是年糕
回覆：我曾經也像你一樣，
直到錯失以後才後悔莫及，
我把我的勇氣借給你，
放心去吧！
雖然他害羞得不行……
啊啊啊，這種問題真是的！

年糕

處女座

生日：9月 8 日

身高：181 公分

不擅長的事：存錢

愛喝的飲料：牛奶

（年糕擬人介紹）

穀雨

第四十五回◉統一北方

東漢末年是一個**亂世**。

張大可《張大可文集·三國史》：
「東漢末黃巾大起義，豪強地主紛紛組織武裝……鎮壓黃巾，乘機擴展勢力……天下大亂，豪強地主各擁兵自重……軍閥割據混戰。」

軍閥混戰，每天**互砍**。

馬植杰《三國史》：
「各軍閥為了爭奪土地、人民，連年攻戰不休……造成『出門無所見，白骨蔽平原』的淒慘景象。」

經過**十年**的發展，
北部賽區有**兩個玩家**脫穎而出。

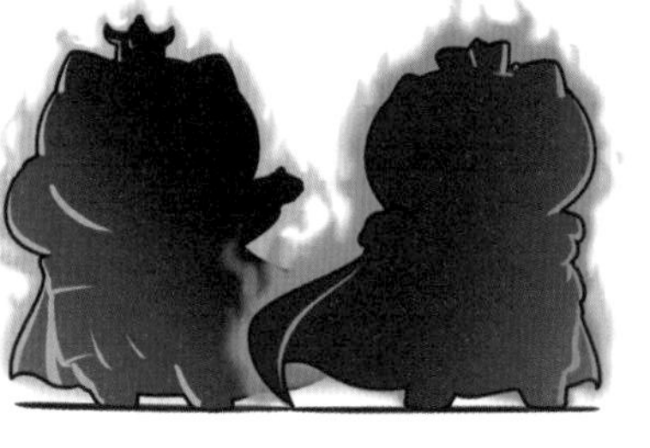

張大可《張大可文集·三國史》：
「曹操和袁紹是立於群雄之上的兩個鐵腕人物……袁紹取河北，曹操圖河南……在中原十年大混戰中，兩人背靠，一個向北，一個向南，不受夾擊，因此各自取得了節節勝利。」

一個是**祖傳當官**的白金王者——

袁紹喵，

張大可《張大可文集·三國史》：「袁紹憑藉袁氏四世五公的高門，結交豪傑，本人殺宦官，反董卓，又居司隸校尉之顯職，被四方英雄目為人傑。」

另一個則是**出身宦官家**的手速之鬼——

曹操喵。

張大可《張大可文集·三國史》：「曹氏……的資本，加之曹操個人的籌策善計，曹氏集團很快在北方亂世中崛起。」

他們以**黃河**為分界線，

分別稱霸了黃河**以北**和**以南**的區域。

軍事科學院《中國軍事通史》：「曹操……大體統一了河南。」「袁紹……統一了河北。」

所謂**一山不容二喵**，

張大可《張大可文集．三國史》：「天無二日，人無二主，袁曹爭雄必然地要爆發。」

當所有**障礙掃清**之後，

馬植杰《三國史》：「建安三年十二月曹操擒殺呂布，取得徐州，次年三月，袁紹削滅公孫瓚，兼併幽州……」

這場**北部中國**的王者**爭霸**賽便正式打響了！

馬植杰《三國史》：「……於是袁、曹兩大勢力之間的對立顯得更加突出，便不能不以戰爭相見了。」

在當時的情況下，
袁紹喵**實力強大**。

田余慶《秦漢魏晉史探微》：
「袁紹一方……除了地廣兵強糧足以外，他還……隨時可以調動兗豫大族，聯絡曹操東南面的割據勢力，拉曹操的後腿。」

擁有**四個州**的地盤。

王仲犖《魏晉南北朝史》：
「袁紹……在當時已跨據冀、幽、并、青四州。」

曹操喵**也擁有四個州**。

張大可《張大可文集・三國史》：
「曹操兼河南司、豫、兗、徐四州。」

軍隊數量上卻**少得多**……

張大可《張大可文集．三國史》：
「軍事上袁強曹弱。」
王仲犖《魏晉南北朝史》：
「袁紹力量相當強……曹操的實力是遠遠比不上他的。」

所以袁紹喵完全**不把**曹操喵**放在眼裡。**

馬植杰《三國史》：
「袁紹滅公孫瓚之後……準備進攻許都。當時謀臣沮授向袁紹建議……對曹操進行持久戰以消耗其軍事實力……從正面穩紮穩打；同時『分遣騎兵，抄其邊境令彼不得安』……不必決勝負於一役。」
白壽彝《中國通史》：
「袁紹自恃地廣兵強糧足，根本聽不進沮授的忠告。」

他**傾巢而出，**

《三國志．武帝紀》：
「紹悉眾聚官渡，欲與公決勝敗。」
白壽彝《中國通史》：
「（袁紹）驅使十萬精銳步兵和一萬騎兵……任命審配、逢紀主持軍事，田豐、荀諶、許攸充當謀士，顏良、文醜擔任將帥，積極準備南下。」

直接把**大軍**開到**黃河邊上**。

王仲犖《魏晉南北朝史》：
「二月，袁紹將軍隊主力開抵黎陽的黃河北岸，準備渡河南進。」

然後**渡過**河去打。

傅樂成《中國通史》：
「（袁紹）以顏良部南渡，圍攻黃河南岸要點白馬。」

對面曹操喵雖然**軍隊少**，

白壽彝《中國通史》：
「論兵力，袁紹軍隊人數遠遠超過曹操。」

卻個個**戰鬥力爆表**。

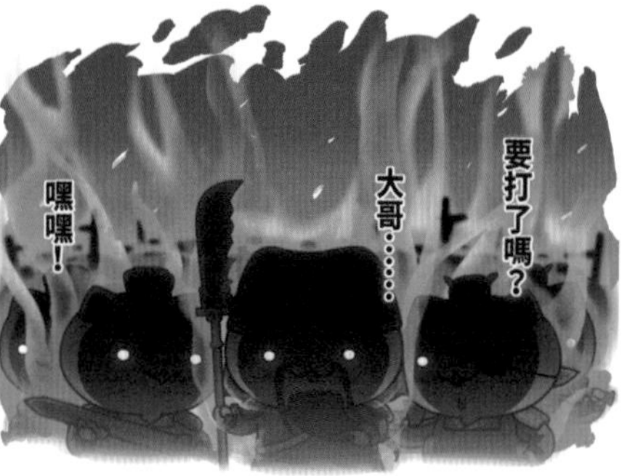

《三國志・武帝紀》：

「(曹)公法令既明，賞罰必行，士卒雖寡，皆爭致死，此武勝也。」

《資治通鑑》：

「士卒皆殊死戰。」

注：官渡決戰前，曹操東征並大敗劉備，活捉其兄弟關羽。曹操欣賞並器重關羽，關羽也在官渡之戰中為曹操立下戰功。

加上曹操喵的**神級操作**，

傅樂成《中國通史》：

「曹操親率軍由許都北上援救，以一部在東路佯渡延津……(曹軍)趁袁紹分兵延津，西路突襲白馬，破袁軍。」

白壽彝《中國通史》：

「曹操從白馬後撤的時候，袁紹從黎陽渡河追擊，在延津南又打了一仗。」「延津南之戰，曹操正是利用了袁紹軍隊的貪婪無紀律的弱點，採取了以白馬輜重餌敵的策略。」

這一**開打**……

曹軍竟然**小勝了兩場**。

白壽彝《中國通史》：「曹軍大破袁軍，斬顏良，遂徒白馬軍民。」「（延津南）這一仗，曹操又獲勝了。」

然而，
袁紹喵**畢竟**是北方**最強大**的軍閥。

白壽彝《中國通史》：「袁紹是當時北方最強大的一股勢力。」

「正面衝撞」還是**不行**的。

於是乎，

曹操喵下令**全軍後退**。

馬植杰《三國史》：「（曹軍）沿黃河南岸向西撤退。」

這個後退的地方就是**官渡**。

馬植杰《三國史》：「曹操在初戰勝利之後，仍舊按照原定計劃，退到官渡，集中兵力，築壘固守。」

看著曹操喵**後撤**，

馬植杰《三國史》：「（曹操）向官渡進行戰略轉移。」

袁紹喵反而**加緊追擊**。

馬植杰《三國史》：
「袁紹憑仗兵多勢眾，率領大軍繼續推進。」

大軍浩浩蕩蕩地**殺過黃河**而來。

王仲舉《魏晉南北朝史》：
「四月，（袁紹）把軍隊主力從黃河北岸推向黃河南岸。」

那麼曹操喵**真的害怕了**嗎？

並沒有！

白壽彝《中國通史》：
「曹操從容地把軍隊撤退到官渡。與袁紹在官渡決戰，曹操是早有安排的。撤軍到官渡，這是一個主動的戰略撤退。」

曹軍的後撤，

實際上是回到家門口。

白壽彝《中國通史》：
「官渡位在中牟縣北，在古官渡水的南岸。此地比延津更靠近許都。」

打仗需要**糧食供應。**

王永平《論袁紹》：
「決戰……軍糧運輸等方面必須做好充分的準備，來不得半點差錯。」

曹操喵**離家門口近**，
自然**補給方便**。

白壽彝《中國通史》：
「曹操縮短了防線，也縮短了補給線。」

而袁紹喵**渡過黃河**來進攻，

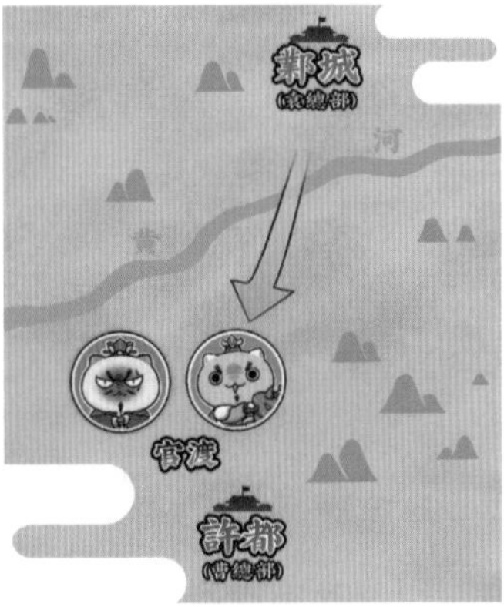

傅樂成《中國通史》：
「袁紹……親率主力渡河南下。」

反而**遠離**了他自己的**大本營**。

白壽彝《中國通史》：
「對袁紹來說則是深入敵境……延長了補給線。」

補給變得**困難**。

王仲舉《魏晉南北朝史》：「（袁軍）逼近官渡以後，後方補給線很長，糧食的運輸和供應都遇到困難。」

而且原本在**黃河邊**上打，
黃河的**渡口多**，
容易被分兵**包抄**。

軍事科學院《中國軍事通史》：「……黃河雖然是一道天然屏障，但是渡口較多。」「（在黃河）防禦時分兵把口，勢必分散兵力。」

後退至官渡，
就**只有一個**渡口！

*唯一

袁紹喵就只能**單面進攻**了。

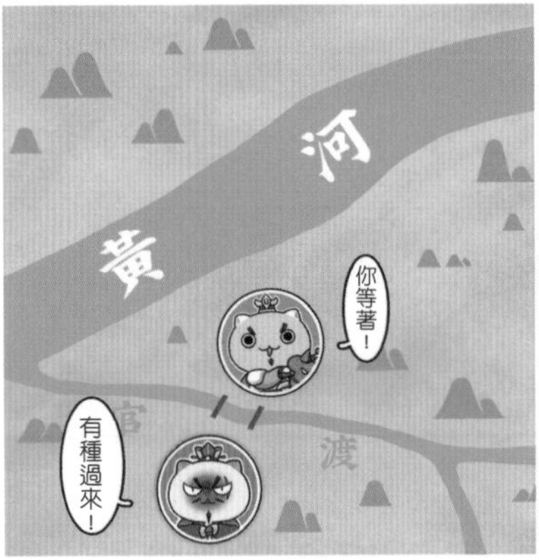

軍事科學院《中國軍事通史》：「官渡位於兩大障礙地帶之間，成了袁軍進攻途中東西數百里間唯一一個可以通過的寬約數十里的喇叭口。」

雙方在官渡你來我往，
愣是**耗了幾個月**。

傅樂成《中國通史》：「兩軍主力於官渡相持，達三月之久。」

一段時間後，
曹操喵雖然**沒被幹掉**……

白壽彝《中國通史》：「九月，兩軍會戰，曹軍失利，躲進營壘中堅壁不出。」

但也有點**熬不下去**……

田余慶《秦漢魏晉史探微》：「秋，官渡接戰，曹軍不利。」

白壽彝《中國通史》：「河南老百姓困苦不堪，很多人背叛曹軍，回應袁軍。」

正當曹操**準備撤兵**的時候，

田余慶《秦漢魏晉史探微》：「曹操想要退守許下，先保老巢。」

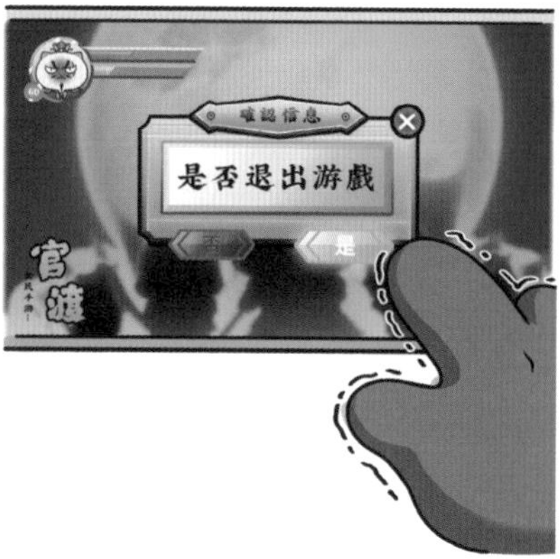

卻被老天**叫停**。

局勢的**轉機**是，
袁紹喵那邊出了個**「抓耙仔」**。

嘿嘿，曹總……
誰？

白壽彝《中國通史》：「袁紹謀臣許攸與審配不和，攸家犯法為審配所治。攸往投曹操。」

他偷偷將袁軍**放糧食**的地方**告訴**曹操喵。

王仲犖《魏晉南北朝史》：「謀士許攸……把袁紹在烏巢屯積軍糧的情況告訴了曹操，並勸他進行偷襲。」

在那個地方放著所有糧食。
唔……

這下曹操**逮住「大魚」**了。

陰謀!!
生成中

王仲犖《魏晉南北朝史》：「曹操聽了大喜。」

他親自帶著一票人**偷偷潛到**袁紹的屯糧處。

二話不說就**上去放火！**

王仲舉《魏晉南北朝史》：
「（曹操）挑選精騎五千人，打著袁軍的旗號，乘夜趕到烏巢，放火燒糧。」

你要知道，
打仗是**需要吃飯**的。

得知自己的**儲備糧被燒**得一乾二淨後，

王仲犖《魏晉南北朝史》：「曹操……把袁紹的存糧萬餘車全部燒掉。」

袁軍**瞬間大亂**。

馬植杰《三國史》：「烏巢糧穀被燒的消息傳到官渡，袁軍登時土崩瓦解。」

不僅士兵**失去了信心**，

王永平《論袁紹》：「（糧草）被曹操親自帶兵燒毀，導致袁紹大軍不戰自潰。」

主將們更是紛紛**投降曹操**。

馬植杰《三國史》：「張郃、高覽燒毀攻具，率部降操，其他將士，也不再聽從袁紹指揮。」

隨著**有利局勢**的形成，

曹操**乘勝追擊**。

王仲犖《魏晉南北朝史》：「袁紹軍……紛紛潰逃。曹操出兵追擊。」

袁紹喵只能**落荒而逃**了。

馬植杰《三國史》：
「袁紹、袁譚父子率領僅存的八百騎兵渡過黃河，逃回冀州。」

官渡的**潰敗**，
使袁氏集團受到**毀滅性打擊**。

王仲犖《魏晉南北朝史》：
「這一戰役，曹操先後消滅了袁軍主力七萬多人。」
馬植杰《三國史》：
「袁紹的主力部隊基本被消滅。」

從此**退出**歷史舞臺。

而勝利的曹操喵，
則逐漸**吞併**了袁氏的地盤。

樊樹志《國史概要》：
「袁紹兵敗後不久死去，為了徹底消滅袁氏勢力，曹操乘勝出擊……剷除了袁氏勢力。」

最終取得了**北部**的霸權。

傅樂成《中國通史》：
「曹操渡河攻譚……曹操乘機取鄴……袁氏完全消滅，北方大致為曹操所統一。」

儘管如此，
統一天下的進度也才過了**一半**。

樊樹志《國史概要》：
「躊躇滿志的曹操以為可以一舉統一南方。」

在**一江之隔**的南方，

一個家族，正在**雄起**。

馬植杰《三國史》：「『美姿顏，能笑語，性闊達聽受，善於用人。』是以將士用命，戰無不克，威震江東。」

（且聽下回分解。）

編者按

官渡之戰被視為三國「三大戰役」之一，也是我國歷史上以弱勝強的著名戰役。東漢末年軍閥混戰中，袁紹、曹操、呂布、袁術、孫策、劉表、公孫瓚、張繡等各割據勢力崛起，山河日益殘破。建安五年，袁、曹兩大勢力在官渡決戰，曹操大獲全勝，就此拉開了統一北方的序幕。經過七年左右的征戰，曹操徹底清除袁紹殘餘勢力，成功一統北方。而曹操用心經營的北方地區，經濟也得到恢復和發展。北方已定，南方何愁？大獲全勝的曹操意氣風發，凱旋的路上他寫下曠世名作《觀滄海》，抒發了其胸懷天下的豪情壯志。

曹操——煎餅（飾）　　袁紹——年糕（飾）

參考來源：《三國志》、《資治通鑒》、張大可《張大可文集·三國史》、馬植杰《三國史》、軍事科學院《中國軍事通史》、田余慶《秦漢魏晉史探微》、王仲犖《魏晉南北朝史》、白壽彝《中國通史》、傅樂成《中國通史》、王永平《論袁紹》、樊樹志《國史概要》

附錄

【激將信】

袁紹在戰前雇人寫信侮辱曹操，
沒想到不僅惹怒曹操，
還徹底激起曹軍
對抗袁軍的鬥志。

罵我可以，
罵我爹媽不行！

【閃避滿點】

袁紹在打仗期間，
完美閃避了謀士們的所有正確建議，
謀士們被逼得不是辭職就是叛變。

【精神支柱】

官渡前線軍糧稀缺，
讓曹操產生了退兵的念頭，
還好有謀士荀彧不斷地鼓勵，
才讓他堅持下來。

努力！
加油！

百群喵檔案

水餃小劇場

《火鍋 1》

這家店味道真不錯！
是呀！
就是量太少，點那麼多都沒吃幾口。
是啊，肉不知道為啥一下就沒了。
需要湯勺嗎？
忘了有他們倆在……
我覺得分量還可以呀！
是呀是呀！

《火鍋 2》

怎麼……怎麼這麼貴……
沒關係啦！難得吃到這麼好吃的火鍋呀！
是呀，大家出來聚餐，開心最重要！
麻花，家裡還有泡麵嗎？借我一包。
有的。

水餃
白羊座
生日：4月1日
身高：177公分
不擅長的事：英語
愛喝的飲料：柳橙汁
（水餃擬人介紹）

立夏

第四十六回 ◉ 江東猛虎

話說**東漢末年**，

西北軍閥禍亂中央。

王仲舉《魏晉南北朝史》：

「東漢王朝的末日已經來臨，中央權力薄弱，對州、郡不能控制……董卓的西北軍……開進了洛陽。這樣，東漢皇朝的大權就落到了董卓手裡。」

於是乎，

大家組成**聯軍**前去討伐。

王仲舉《魏晉南北朝史》：

「山東的州郡牧守，紛紛起兵……推袁紹為盟主，共同聲討董卓。」

可當時**只有兩個喵**真正衝出去打！

傅樂成《中國通史》：

「當時關東大軍……皆畏懼卓軍，獨曹操率兵西向。」

馬植杰《三國史》：

「堅以魯陽為據點，進兵討卓。」

一個是**曹操喵！**

白壽彝《中國通史》：
「獻帝初平元年正月……
曹操以行奮武將軍的身份，
參加討董軍。」

喀喀……

打了一下，被打敗了……

《三國志．魏書．武帝紀》：
「（曹操）到滎陽汴水，遇
卓將徐榮，與戰不利，士卒
死傷甚多。太祖為流矢所
中。」

而另一個是**孫堅喵！**

傅樂成《中國通史》：
「初平元年（公元一九〇
年）……長沙太守孫堅也起
兵討卓……與袁術合兵。」

他倒是打得**逆賊**到處跑。

白壽彝《中國通史》：

「州郡兵中，孫堅的軍隊是一支少有的勁旅。他曾在陽人大破董卓的隊伍，董卓遷都長安後，他又進軍收復了東漢的京都洛陽。」

傅樂成《中國通史》：

「初平二年（公元一九一年）二月……孫堅自陽人北進，擊敗董卓軍。」

可**一回頭**，

聯軍們卻為了**搶地盤互毆了起來**。

《三國志．武帝紀》：

「初平元年……劉岱與橋瑁（注：關東軍閥）相惡，岱殺瑁。」

法律出版社《中國法制通史》：

「……軍閥之間的戰爭越演越烈，中原地區成為他們互相爭奪的廝殺場。」

注：即孫堅猛擊董卓軍之時，關東軍已開始崩裂。

孫堅喵就在**爭搶過程**中，

王仲犖《魏晉南北朝史》：

「牧守混戰中，堅依附袁術，奉袁術命令進攻劉表……」

「掛」了……

王仲舉《魏晉南北朝史》：
「……在襄陽城外為表部將黃祖部下射死。」
《三國志．吳書．孫破虜討逆傳》裴松之注引《吳錄》：
「堅時年三十七。」

於是乎，
孫家的**發展重任**就落到了**孫堅長子**的肩上。

《三國志．吳書．孫破虜討逆傳》裴松之注引《吳曆》：
「策數詣紘，諮以世務，曰：『先君與袁氏共破董卓，功業未遂，卒為黃祖所害。策雖暗稚，竊有微志，欲從袁揚州求先君餘兵……報讎雪恥。』」

他就是**孫策喵！**

張大可《張大可文集．三國史》：
「孫策字伯符，孫堅長子。」

孫策喵天生**超帥超能打**。

《三國志・吳書・孫破虜討逆傳》：「（孫策）所向皆破，莫敢當其鋒。」

江湖人稱**「孫・小霸王・大帥哥・策」**。

張大可《張大可文集・三國史》：「（孫策）一表人才，好笑語，人稱孫郎……（也稱）小霸王。」

父親的**早逝**，

讓他**不得不**扛起一切。

《三國志・吳書・孫破虜討逆傳》：

「策徑到壽春見袁術，涕泣而言曰：『亡父昔從長沙入討董卓，與明使君會於南陽，同盟結好，不幸遇難，勳業不終。策感惟先人舊恩，欲自憑結……』」

幸好……孫策喵**能力超凡！**

不僅收回父親留下的**舊部**，

田余慶《秦漢魏晉史探微》：

「孫策從袁術索得……孫堅餘兵。」

還**廣納賢才**。

喂，老周嗎？我是小策策。
要一起創業嗎？

《太平御覽・人事部・喜》注引張勃《吳錄》：「長沙桓王（孫策）在歷陽，遣書呼周瑜。瑜將兵五百人，船糧器杖，星夜馳赴。」

他帶著軍隊往**南方**發展……

《後漢書・獻帝紀》：「是歲揚州刺史劉繇與袁術將孫策戰……繇軍敗績。」

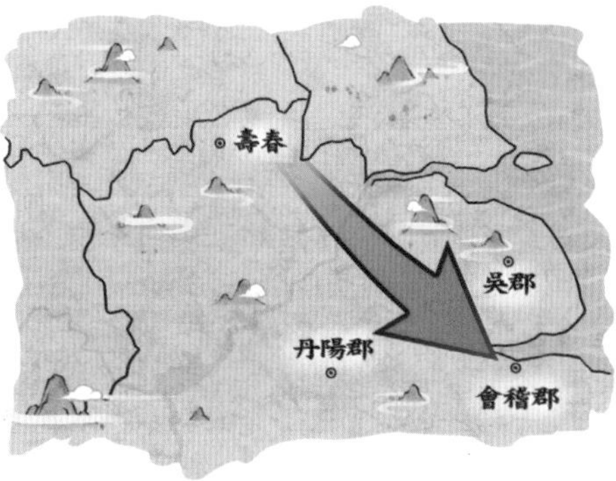
壽春
吳郡
丹陽郡
會稽郡

這時**華夏大地**上**動盪**不安。

混
亂
漢

中原地帶已經亂成一鍋粥。

軍事科學院《中國軍事通史》：「二袁等有實力的割據者，進一步企圖統一河北、河南，直至北方……在獻帝所在的關西地區，李傕、郭汜等董卓殘部眾將和白波諸帥，各自企圖控制獻帝，號令別人。在關東地區，沒有地盤的眾將……企圖從別的割據者處奪到至少一州作為根據地。」

而遠處的**南方**，

倒是因為被認為「荒蠻」，

所以相對**較安穩**……

軍事科學院《中國軍事通史》：「南方人口稀少……交通不便，未能形成統一的經濟區。」

不過自從**戰亂開始**以來，

軍事科學院《中國軍事通史》：「漢末，南方遇到前所未有的機遇，經濟進入較快發展的時期，主要是得益於北方軍閥鬥爭激烈。」

大批的**中原喵民**逃往南方**避難**。

法律出版社《中國法制通史》：「不堪戰爭蹂躪的北方人民，大量地渡江南遷。」

同時帶去了**勞動力**和**先進技術**。

法律出版社《中國法制通史》：「北方人民南遷給江南增加了勞動力，帶來了先進的生產技術，為進一步開發江南提供了有利的條件。」

加上**土地肥沃**，
南方儼然成為了適合**創業**的新天地。

軍事科學院《中國軍事史》：「南方氣候濕潤，雨量充沛，特別有利於農業生產。」
白壽彝《中國通史》：「江南地區是一個沒有大割據勢力的空虛地帶。」

孫策喵正是**瞅准**了這個**機遇**！

白壽彝《中國通史》：「這時割據群雄正傾其全力在中原混戰。」

趁著中原軍閥幹得**不可開交**，

他便**招兵買馬**一路**往南打**。

葛劍雄《中國移民史》：
「興平二年（一九五年）……孫策渡長江南下經營江東。」

而南方賽區的**軍閥們**，
因為**環境安逸**……

田余慶《秦漢魏晉史探微》：
「江東各郡居職守土者，個別人涉足中原的競逐……但是一般而言，他們對中原世（時）局寧取靜觀態度，並不積極參與。」

戰鬥力**低下**……

軍事科學院《中國軍事通史》：
「劉繇駐在曲阿擁有州兵數萬，諸郡守許貢、王朗、朱皓等各擁郡兵……劉繇和各郡兵力分散，不能集中使用和相互支援，劉繇、王朗、華歆是名士，儒雅風流，以及朱皓，都不擅長軍事。」

＊戰五渣：意為「戰鬥力只有五的渣滓」，一般形容戰鬥力低下。

面對**戰鬥力爆表**的**孫策喵**，

完全**不夠打**！

張大可《張大可文集・三國史》：「孫策打仗，總是一馬當先。敵方將士一聽孫郎來了，大都失魂落魄。」

隨著孫家軍**一路高歌**，

傅樂成《中國通史》：「（孫策）渡江後，所向克捷，地盤大擴。」

孫策喵的**名號**也越來越大。

《資治通鑑・漢紀五十三》：
「策入曲阿……威震江東。」

江東地區的勢力都被打個**半死**……

而為了得到**當地喵民**的支持，

白壽彝《中國通史》：
「孫策為籠絡民心……」

孫策喵下令**不准打擾喵民的生活！**

不拿群眾
一針一線
自己縫！

白壽彝《中國通史》：「……下令整頓軍紀，嚴禁士兵搶掠。」
馬植杰《三國史》：「策治軍嚴整，兵士遵守約束，雞犬菜蔬，一無所犯。」

這個做法受到了**廣大喵民的擁護。**

策策好棒！
愛你！

張大可《張大可文集・三國史》：「孫策頒下軍令，士兵不得擄掠民間財物……受到百姓歡迎。」

於是他的軍隊**數量大增，**

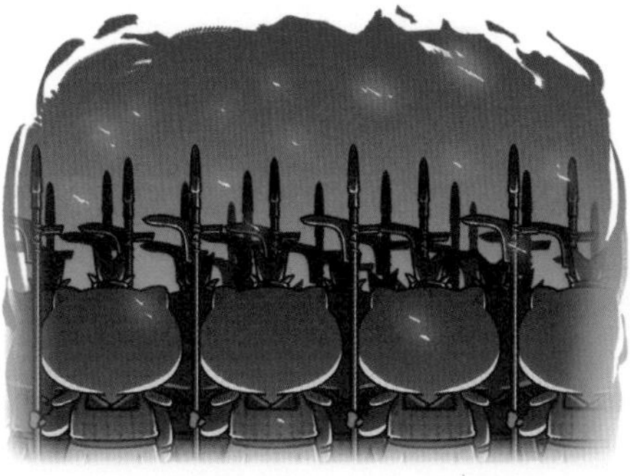

白壽彝《中國通史》：「孫策的勢力便壯大起來，軍隊迅速發展到兩萬多人。」

從此在**江東地區**站穩腳跟，
成為了**南方一霸**。

白壽彝《中國通史》：
「孫策南下攻會稽……又兵臨豫章……在此前後，孫策又削平了丹陽、吳郡的割據勢力。這樣，孫策就佔據了揚州的會稽、吳、丹陽、廬江、豫章、廬陵六郡，大體上統一了江東。」

孫家的**威名**甚至震動**中原諸侯**。

《三國志・吳書・孫破虜討逆傳》：
「策並江東，曹公力未能逞，且欲撫之。乃以弟女配策小弟匡，又為子章取賁女，皆禮辟策弟權、翊，又命揚州刺史嚴象舉權茂才。」

而正當孫策喵想
帶領江東軍**北上爭霸**時，

張大可《張大可文集・三國史》：
「公元二〇〇年……袁曹決戰，許昌空虛。孫策決定抓住這一大好時機……掉頭北上，輕騎襲擊許都，挾天子以令諸侯。」
馬植杰《三國史》：
「策既敗黃祖，將還擊登，軍到丹徒，因待運糧，暫時停住。」

一支**冷箭**飛了過來！

張大可《張大可文集・三國史》：「（孫策）遭到事先埋伏的三個刺客的進攻，對方用弓箭近距離射擊。」

正中**孫策喵**！

張大可《張大可文集・三國史》：「孫策奮力射殺一人，自己也受了重傷，另外兩人被從騎趕來殺死。」

放箭的正是曾經被打壓的**舊江東勢力**。

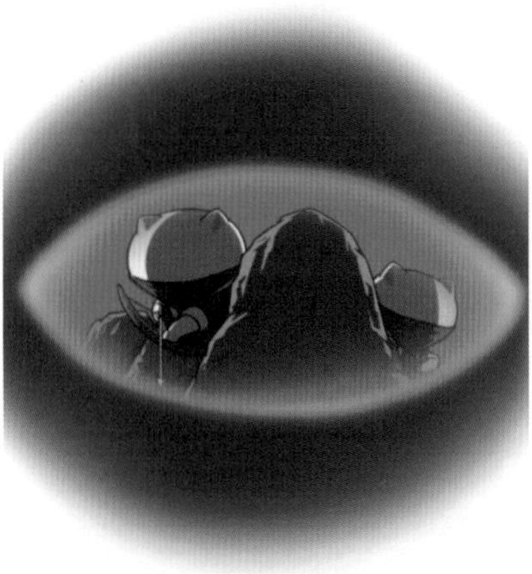

張大可《張大可文集・三國史》：「這三個刺客是故吳郡太守許貢的賓客，他們為主子報仇，抓住孫策打獵經常單身追獵的特點，打了一場刺客伏擊戰。」

在**命垂一線**之際，
孫策喵意識到孫家**政權鞏固**的重要性。

軍事科學院《中國軍事史》：「孫策臨終時深知江東政權將面臨生死存亡的挑戰，遺言『保江東』、『觀成敗』，要求放棄原定的偷襲許都、北上爭天下計畫，轉變為保衛江東政權，耐心等待時機。」

為了家族命運，
他將一切**託付**給了自己的**弟弟**。

馬植杰《三國史》：「孫策臨死時，令長弟孫權作自己的繼承人。」

這就是孫家**第三代**掌門人。

孫權喵！

《三國志．吳書二．吳主傳》：「孫權字仲謀……五年，策薨，以事授權。」

可接過這個**重擔**的孫權喵只有**19歲**……

傅樂成《中國通史》：「弟權繼位，年十九。」

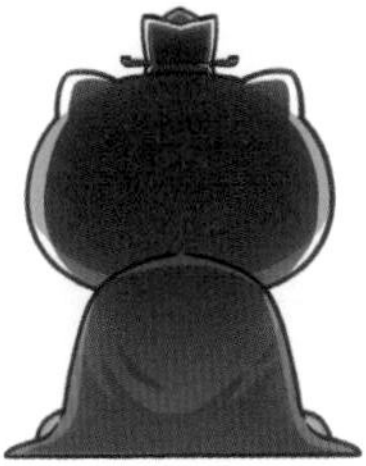

在那個爾虞我詐的**亂世**，

▶ 孫家要如何發展壯大呢？◀

馬植杰《三國史》：「山區居民還多受強宗豪帥的控制，不接受孫氏政權的徵調……孫策剛死，原為孫策所表用的廬江太守李術就『不肯事權，而多納其亡叛』……怎樣安定人心和鞏固政權是孫權的首要任務。」

（且聽下回分解。）

編者按

經《三國演義》渲染，孫策給世人留下的最深印象莫過於「小霸王」，意指其作戰時如霸王項羽一般英武勇猛，性情也爽直粗暴，甚至果於殺戮。但若僅將他視為武夫，其實有失偏頗。孫堅戰死後，餘部均被袁術接收。若不是孫策想方設法與袁術周旋，最終要回父親餘部，保留有生力量，孫家霸業必定難起。在諸侯爭霸中原之時，孫策慧眼獨具，決心領兵南下佔領江東。孫策不僅有謀略有膽識，也十分識才愛才，其左膀右臂周瑜和張昭都與他情義深厚。他們在孫策死後依舊忠心輔佐孫權，立下汗馬功勞。東吳政權正是始於孫堅，興餘孫策，成餘孫權。其中承上啟下、有勇有謀的孫策，真堪稱英雄。

孫策——油條（飾）

孫權——麻花（飾）

參考來源：《三國志》、《太平御覽》、《後漢書》、《資治通鑒》、王仲犖《魏晉南北朝史》、傅樂成《中國通史》、馬植杰《三國史》、白壽彝《中國通史》、張大可《張大可文集．三國史》、田余慶《秦漢魏晉史探微》、軍事科學院《中國軍事通史》、法律出版社《中國法制通史》、葛劍雄《中國移民史》

附錄

【毀容要命】

孫策被暗箭傷了臉，
本來靜養就能痊癒，
但他因破了相一時氣極，
結果創口裂開而死。

【父子同命】

孫堅和孫策父子二人
都喜歡獨自輕騎出行，
也都是在防備薄弱的情況下
被敵人暗殺，中箭去世。

【小霸王孫策】

孫策「小霸王」的外號，
是《三國演義》作者取的，
意思是說孫策和西楚霸王項羽一樣
英武神勇又好戰敢殺。

百群喵檔案

油條小劇場

《好可怕》

《挑戰的意義》

油條

射手座

生日：12 月 5 日

身高：185 公分

不擅長的事：猜女生的心思

愛喝的飲料：可樂

（油條擬人介紹）

小滿

第四十七回◉孫權守業

在**東漢末**動盪的**群雄割據**中，

朱紹侯《中國古代史》：「東漢王朝日漸衰落，接著出現的便是軍閥割據、混戰的局面。」

有一支軍隊**遠離**競爭激烈的中原地區，
南下謀求**發展**。

王仲犖《魏晉南北朝史》：「策在興平二年受命渡江作戰，所向無前，不久在江東建立了根據地。」

這就是**孫家**。

《講談社‧中國的歷史04‧三國志的故事：後漢三國時代》：「孫策平定江南，可以說是孫氏一族共同奮鬥的結果。」

孫家的首領雖然**戰鬥力爆表**，

《三國志‧吳書‧孫破虜討逆傳》：
「策英氣傑濟，猛銳冠世，覽奇取異，志陵中夏。」

卻是個**短命鬼**……

《三國志‧吳書‧孫破虜討逆傳》：
「……（孫策）至夜卒，時年二十六。」

事業剛**起步**就被仇家**暗殺**了……

《三國志‧吳書‧吳主傳》：
「五年，策薨，以事授權。」

於是乎，

孫家未來的**重擔**落到弟弟**孫權喵**肩上。

> 軍事科學院《中國軍事通史》：
>
> 「孫策臨終時深知死後江東政權面臨生死存亡的挑戰……（孫策要求）放棄原定的偷襲許都、北上爭天下計畫，轉變為保衛江東政權。」

孫權喵**苦**啊！

年紀輕輕的他，

不僅**爹死了**……

> 張大可《張大可文集·三國史》：
>
> 「孫權……十九歲就繼承父兄之業。」
>
> 《三國志·吳書·孫破虜討逆傳》：
>
> 「堅……為祖軍士所射殺。」

哥也死了……

傅樂成《中國通史》：
「五年，孫策為仇人刺殺。」

還要**繼承**這麼大一個**「爛攤子」**。

孫家的**形勢**那時相當**兇險**。

軍事科學院《中國軍事通史》：
「郡內深險地區的山越和強宗，不接受徵調。政權中從北方來的流寓人士，以個人安危、去就為念，還在觀望、徘徊，同孫權沒有建立起牢固的君臣關係；有些郡守、將領甚至企圖叛變。」

外部，**中原軍閥**們雖然正在**打著**。

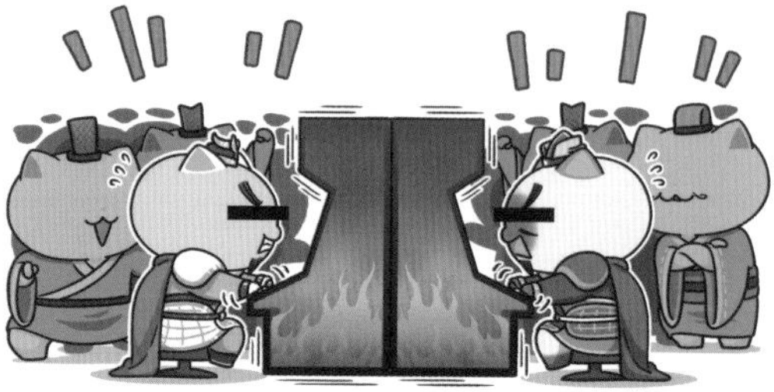

軍事科學院《中國軍事通史》：「這時袁術忙於同呂布、劉備奪徐州，曹操忙於擊張繡、滅呂布，準備同袁紹決戰，都無暇顧及江東。」

但哪天**那邊打完**了，
就該**輪到江東**了。

白壽彝《中國通史》：「北方的曹操……漸次消滅袁紹集團，席捲了冀、幽、并、青四州，成為最大的割據勢力……曹操從江陵順江東下，圖謀……席捲江東。」

而內部，
孫家雖然在南方**建立了政權**……

白壽彝《中國通史》：「孫堅、孫策雖然都過早地死去，但他們拉起了一支很強有力的隊伍，也佔據了一塊相當大的地盤。」

但江東的**豪族們**仍然只是看看**不說話**。

不服

馬植杰《三國史》：
「而土著豪傑……都在觀望形勢。」

甚至**軍隊**裡時不時出現**叛亂**。

哥們兒！老孫家不行的，咱們走吧！
這……

軍事科學院《中國軍事通史》：
「孫權從兄、駐屯烏程的定武中郎將孫暠，調集將士，企圖攻取會稽，搶奪孫策遺位。另一位從兄，廬陵太守孫輔，擔心孫權保不住江東，派人呼叫曹操。孫策表用廬江太守李術，趁機招納從江東逃亡的民丁，不肯歸還。」

這麼多**破事**，
真是讓孫權喵沒時間**悲傷啊**……

弟弟，別慌啊！
唉……
是呀，兒子你可以的！

於是乎，

他先是**重用**父兄留下來的**部下**。

喂，老周嗎？我是小權權。
幫我招呼一下他們！

《三國志·吳書·吳主傳》：「待張昭以師傅之禮，而周瑜、程普、呂範等為將率。」

鞏固軍事**統治**。

往死裡打！
叫你們造反！
讓你找死！

《三國志·吳書·吳主傳》：「術不肯事權……遂屠其城，梟術首，徙其部曲三萬餘人。」

接著設法**加強**孫家政權的**實力！**

軍事科學院《中國軍事通史》：「孫權及其擁護者堅決執行孫策保江東的遺令……加強了政權建設和軍事平叛。」

但要**怎麼加強**呢？

王仲犖《魏晉南北朝史》：「這一帶（今皖南、浙西、江西一帶）的土著居民，在漢末尚過著村社的生活，當時稱之為『山越』。」

東漢末年，

南方地區其實還存在**很多「土著」**政權。

他們自立山頭，

也**不服從**政府管理。

《資治通鑒．卷五十六》：「山越本亦越人，依阻山險，不納王租，故曰山越。」

這些**愣頭青**……
正是動刀子的**好材料**。

王仲犖《魏晉南北朝史》：「東吳政權建立初期，想奪取他們村社（山越）的土地，而使他們變成屯田土地上的隸屬農民，強制他們給政府耕田當兵。」

於是**孫權喵**出兵**揍他們**。

《三國志·吳書·吳主傳》：「分部諸將，鎮撫山越，討不從命。」

可秉著**「打死不是目的，收服才是奧義」**的原則，

白壽彝《中國通史》：「孫吳政權對被征服的山越人，採取了『強者為兵，羸者補戶』的政策。」

孫權喵只要**打下**一片**山頭**，

男的拉去**擴充軍隊**，

王仲舉《魏晉南北朝史》：
「粗略統計起來，東吳軍隊共有二十餘萬，其中精銳十餘萬人，就是由山越人組成的。」

女的就拉去**種地**。

白壽彝《中國通史》：
「……把被征服的山越的老弱、女丁編為國家的自耕農和民屯上的生產者。」

這樣一來，

不僅**搞定了「土著」**之患，

《資治通鑑・卷六十四》：

「權還……討山越，悉平之。」

還**增強**了孫家的**實力**。

馬植杰《三國史》：

「……從山民中榨取了一定數量的兵員和物資，從而增強了孫氏政權的力量。」

孫權喵的**努力慢慢得到**江東豪族的**認可**。

王仲犖《魏晉南北朝史》：

「孫權的東吳政權……得到江東和皖北世家豪族大地主的支持。」

自此紛紛**投誠**。

白壽彝《中國通史》：
「被稱為吳郡四姓的顧、陸、朱、張和被稱為會稽四姓的虞、魏、孔、賀等江東大族……也成為孫吳政權的重要的社會支柱了。」

這樣一來，
不僅**壯大**了人才**隊伍**……

翦伯贊《中國史綱要》：
「孫氏子弟和吳郡朱、張、顧、陸四姓仕郡的非常多，是吳國政權的重要支柱。在朝的官僚，陸氏一門前後就有『二相五侯，將軍十餘人』。」
白壽彝《中國通史》：
「吳郡四姓充作郡吏的數以千計。」

在經濟上也**獲得**了很大的**幫助**。

王仲犖《魏晉南北朝史》：
「孫權……屢次進攻山越，以擴大其政府屯田基礎，同時把隸屬農民分賜給出力的功臣。（注：主要是江東和皖北的世家豪族大地主。）」
馬植杰《三國史》：
「東吳推行的屯田很廣泛……對江南經濟的開發還是起了巨大的促進作用。」

孫家政權從此在**江東地區**
完成了**鞏固和發展**。

馬植杰《三國史》：
「招延人才，團結部署……鎮撫山越，討不從命……孫權在江東的統治得到了鞏固。」

孫權喵**完成**了父兄的**心願**，

軍事科學院《中國軍事通史》：
「孫權……既解決了內部叛亂，又頂住了外部壓力，渡過政權交替期間的危機，實現了孫策『保江東』的遺願。」

也實現了**青澀少年**到**人臣之主**的轉變。

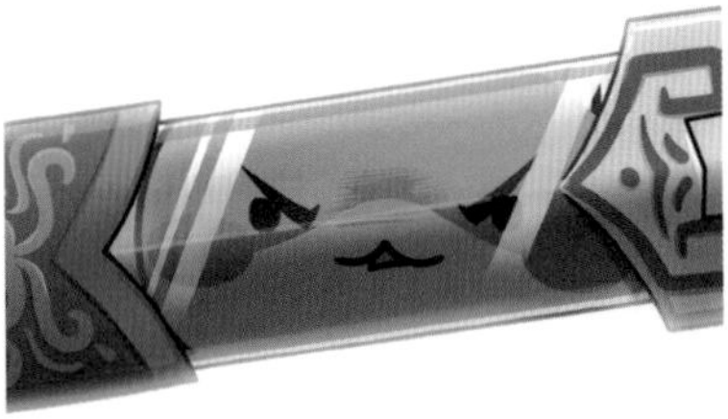

王桐齡《中國全史》：
「弟權代領其眾。權知人善任……江東悅服。」

於是乎，他**揮師北上**。

《三國志・吳書・周瑜魯肅呂蒙傳》：
「因密議曰：『……剿除黃祖，進伐劉表，竟長江所極，據而有之，然後建號帝王以圖天下。』」

相鄰的**荊州**，
便是他第一個**目標**。

《三國志・吳書・周瑜魯肅呂蒙傳》：
「肅進說曰：『夫荊楚與國鄰接，水流順北，外帶江漢，內阻山陵，有金城之固……若據而有之，此帝王之資也。』」

可當他**全力攻打**之時，

軍事科學院《中國軍事通史》：
「直到建安八年（二〇三年）東吳進攻黃祖……標誌著孫權把全據長江正式確立為自己的戰略方針。」

北方的霸主**曹操喵**已君臨**荊州**，

《三國志．吳書．周瑜魯肅呂蒙傳》：
「到夏口，聞曹公已向荊州。」
白壽彝《中國通史》：
「荊州被曹操佔領。」

接著便打算**南下**。

林劍鳴《秦漢史》：
「建安十三年（二〇八年）……曹操率軍隊二十萬，號稱『八十萬』由江陵順江而下。」

而隨著曹操大軍到來的，
還有另一個**重要角色**……

他是誰呢？

《三國志・蜀書・先主傳》：
「……弘毅寬厚，知人待士，蓋有高祖之風，英雄之器焉。」

（且聽下回分解。）

編者按

早年間孫策為立足江東，對當地世家大族和名門英豪進行了武力鎮壓，使得孫家與江東大族的關係一度非常緊張。孫權繼位後，孫家的方針改為「守江東」；即根植江東謀求長遠發展，這就必須得到江東大族的支援。孫權果斷地舉賢任能，招納八方名士來壯大自己、改善孫家的風評；同時想盡辦法修補與江東大族的關係，如啟用大族名流，將農民分賜給大族，與大族聯姻等。在孫權的努力下，大族們的經濟實力得到提升，而他們也見識到孫權的實力與決心。兩方最終達成雙贏合作，鎮撫山越、重視人才、聯合大族，在促進江東開發的同時鞏固了孫家統治。孫權沒有辜負父兄的期待，擔得起「生子當如孫仲謀」的讚譽。

孫權——麻花（飾）

參考來源：《三國志》、《資治通鑒》、傅樂成《中國通史》、白壽彝《中國通史》、朱紹侯《中國古代史》、王仲犖《魏晉南北朝史》、《講談社·中國的歷史04·三國志的故事：後漢三國時代》、張大可《張大可文集·三國史》、軍事科學院《中國軍事通史》、馬植杰《三國史》、翦伯贊《中國史綱要》、王桐齡《中國全史》、林劍鳴《秦漢史》

【解衣數疤】

孫權愛重部下，
曾讓一名部下解衣
展示他在征戰中留下的傷疤，
並在一一詢問疤痕的來歷後，
對其加以重賞。

【親自更衣】

孫權對待部下十分親厚，
在部下受重傷時，
還會親自為其換衣服。

【開拓海道】

守業期間，孫權積極發展經濟，
還開拓了江東到東北的海上交通，
推動了中國古代的海運發展。

百群喵檔案

麻花小劇場

《我是麻花》

我是麻花，在人群中我似乎變得越來越沒有存在感。
我要努力改變現狀，讓大家重新認識我！
干巴爹!
雖然這是個漫長又艱辛的過程
但我相信，總有一天……
幫別人取的快遞。
總有一天，會有人記住我！
啊！請等等！終於找到你了！
油條，這個週末有空嗎？
我是麻花……

《油條？麻花？》

嘿……
嘿……
老大，你看又是那小子！
老在眼前晃來晃去！過去會會他！
這兩人是誰？又把我認錯成油條了嗎？

麻花

摩羯座

生日：12 月 24 日

身高：178 公分

不擅長的事：地理

愛喝的飲料：蘋果汁

（麻花擬人介紹）

芒種

第四十八回◉沒落貴族

所謂亂世**英雄起四方**……

《三國志・魏書・武帝紀》：「漢末，天下大亂，雄豪並起。」

東漢這個**亂世**裡，

呂思勉《三國史話》：「三國的紛爭，起於漢獻帝初平元年東方州郡的起兵討伐董卓……綱紀一廢墜，那就中央政府的命令不能行於地方，野心家紛紛趁機割據，天下就非大亂不可了。」

有的英雄**靠爸爸**，

《三國志・魏書・董二袁劉傳》：「袁紹字本初……高祖父安，為漢司徒。自安以下四世居三公位，由是勢傾天下。」

有的英雄則**靠戰槍**。

白壽彝《中國通史》：

「黃巾起義爆發，曹操被拜為騎都尉，受命與盧植等人合軍進攻潁川黃巾軍，結果大破黃巾軍，斬首數萬級。隨之遷為濟南相。」

而在這麼多**亂世豪傑**裡，
有一個喵的**畫風**有點不一樣。

軍事科學院《中國軍事通史》：

「劉備家道中落，不具備群雄的優越條件。」

他就是**「三無」**倒楣鬼——
劉備喵！

《三國志・蜀書・先主傳》：

「先主姓劉，諱備，字玄德，涿郡涿縣人。」

軍事科學院《中國軍事通史》：

「（劉備）並無賓客、徒附、義從可供轉化為家兵，又一無官職，二無地盤，三無財力。」

劉備喵是個**窮光蛋**。

白壽彝《中國通史》：
「劉備年少喪父，家境貧寒。」

可據說，他是漢高祖**劉邦**的**後裔**。

《三國志．蜀書．先主傳》：
「漢景帝子中山靖王勝之後也。」
《漢書．景帝紀》：
「孝景皇帝，文帝太子也。」
《漢書．文帝紀》：
「孝文皇帝，高祖中子也。」

只是到他這一代淪落為**賣草鞋**的……

《三國志．蜀書．先主傳》：
「先主少孤，與母販履織席為業。」

然而作為一個窮光蛋，
劉備喵倒是**胸懷大志**。

白壽彝《中國通史》：「少年老成的劉備，處境雖然艱難，對前途卻充滿了憧憬和希望，他堅信終有一日能夠擺脫貧困，幹一番大事業。」

貧寒的家境不僅沒讓他低頭，
反而讓他鍛煉出**堅韌**的**毅力**……

《三國志．蜀書．先主傳》：「然折而不撓，終不為下者。」

劉備喵也曾積極**謀求發展**。

《三國志．蜀書．先主傳》：「年十五，母使行學，與同宗劉德然、遼西公孫瓚俱事故九江太守同郡盧植。」

只不過，這傢伙**不是很愛學習**……

《三國志．蜀書．先主傳》：
「先主不甚樂讀書。」

更**愛交友、玩樂**……

《三國志．蜀書．先主傳》：
「喜狗馬、音樂、美衣服……好交結豪俠。」

這點倒是跟他老祖宗**劉邦很像**……

《漢書．高帝紀》：
「高祖為人……好酒及色。常從王媼、武負貰酒，時飲醉臥。」

隨著東漢末年的**農民大起義**，

《三國志·蜀書·先主傳》：「靈帝末，黃巾起，州郡各舉義兵。」

劉備喵也**入伍**參與**鎮壓**。

張大可《張大可文集·三國史》：「公元一八四年黃巾起義時，劉備二十四歲。他招兵買馬，要趁此機會建功立名，改變貧困地位。」

積累戰功後，他還當過**小官**。

《三國志·蜀書·先主傳》：「先主率其屬從校尉鄒靖討黃巾賊有功，除安喜尉。」

在那個動盪的年代裡，
劉備喵**對喵民們都很好**。

《三國志．蜀書．先主傳》：「是時人民饑饉，屯聚鈔暴。備外禦寇難，內豐財施。」

因此喵咪們都很愛他，
給了他**仁義的美名**。

馬植杰《三國史》：「劉備寬仁有度，能得人死力。」

可沒過多久，
天下就進入到了**群雄割據**時期。

白壽彝《中國通史》：「初平元年……當時天下大亂，形成軍閥混戰的局面。」

劉備喵便順應時勢，

也**下海「創業」**。

世界那麼大！
我現在就要去看看！

白壽彝《中國通史》：「劉備投奔已經做了東漢中郎將的公孫瓚。」

剛好當時的**徐州**正**面臨**軍閥的**攻打**，

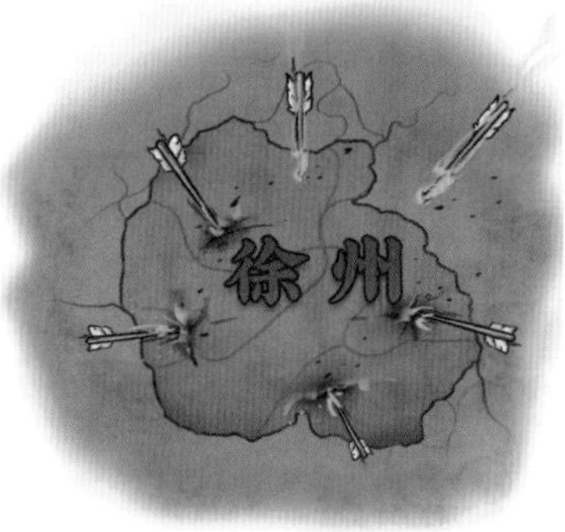
徐州

白壽彝《中國通史》：「初平四年，曹操大舉進攻徐州，徐州牧陶謙派人向田楷告急，楷與先主俱救之。」

聽說劉備喵有點**能力**，

便**請他**去那兒**做官**。

啊？
劉先生嗎？您被錄取了！麻煩儘快來上班！
求你了!!

《三國志．蜀書．先主傳》：「既到，謙以丹楊兵四千益先主，先主遂去楷歸謙。謙表先主為豫州刺史，屯小沛。謙病篤，謂別駕麋竺曰：『非劉備不能安此州也。』謙死，竺率州人迎先主。」

可劉備喵**到徐州**上任**沒幾天**，

白壽彝《中國通史》：「袁術聽說劉備做了徐州牧，於建安元年六月，率兵攻來。」

地盤就被別的軍閥**搶走了**……

白壽彝《中國通史》：「另一支勢力呂布乘虛向劉備後方下邳發起了進攻……擊敗了張飛，呂布於是擄走了劉備的家屬及將士家口。劉備急忙回軍……結果潰敗。」

沒辦法！

劉備喵只能**投靠**到同期出道的**曹操喵**那兒！

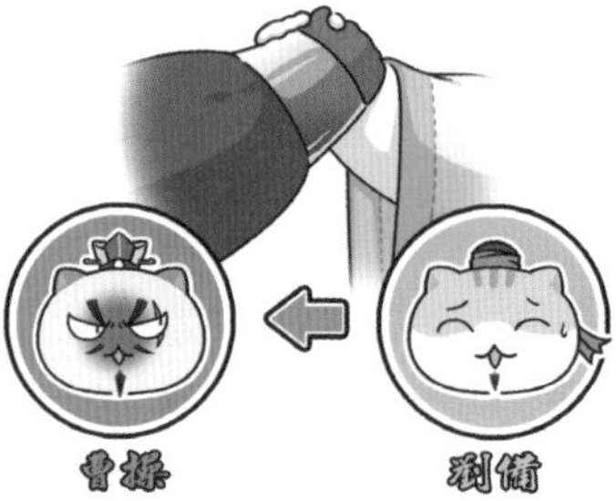

《三國志・蜀書・先主傳》：「先主敗走歸曹公。」

作為同期的**「梟雄練習生」**，
曹操喵對劉備喵**非常器重**。

《三國志・蜀書・先主傳》：
「曹公厚遇之。」

不僅**提拔他**，

白壽彝《中國通史》：
「曹操對他非常器重……於是推薦劉備做了豫州牧。」

出門**一起坐車**，

《三國志‧蜀書‧先主傳》：
「出則同輿。」

吃飯還坐**同一張桌子**。

《三國志‧蜀書‧先主傳》：
「坐則同席。」

於是，劉備喵成了曹操喵麾下的一名**得力助手**！

《三國志‧蜀書‧先主傳》：
「（曹公）表先主為左將軍，禮之愈重。」

可作為**想有一番作為**的英雄來說，

劉備喵從來沒有放棄過**獨立發展**的念頭。

張大可《張大可文集·三國史》：「劉備……時刻尋找機會擺脫曹操，另圖大業。」

屈身於曹操喵之下，
只是為了**等待時機！**

張大可《張大可文集·三國史》：「劉備心不自安，尋機求脫身計。」

而**曹操喵**呢，
也**認可**劉備喵是個**英雄**。

白壽彝《中國通史》：
「曹操的謀臣程昱對曹操說：『據我看，劉備才能出眾，又很得人心，終究不會屈居人下，應該乘早除掉他。』曹操考慮再三說：『現在正是收攬英雄的時候，如果因為殺掉他一人而失天下人士之心，我們不該幹。』」

於是在一次**喝酒**的過程中，

張大可《張大可文集·三國史》：
「一次曹操請劉備喝酒品評天下人物……」

曹操喵便**挑明了態度**……

表示要**論天下英雄**，
也就**他們兩個**了！

《三國志·蜀書·先主傳》：「是時曹公從容謂先主曰：『今天下英雄，唯使君與操耳。』」

雖然不知道曹操喵
為何要**戳穿**劉備喵的小心思，

但劉備喵的**孫子**算是**裝到了頭**。

《三國志·蜀書·先主傳》引《吳曆》：
「備時閉門，將人種蕪菁，曹公使人闚門。既去，備謂張飛、關羽曰：『吾豈種菜者乎？曹公必有疑意，不可復留。』」

於是乎在一次行動中，
劉備喵**帶兵出擊**……

白壽彝《中國通史》：
「曹操擔憂二袁聯兵以後難以對付，就派了劉備等人率軍去截擊。」

然後，趁機**脫離**了曹操喵的**陣營**……

《三國志·蜀書·先主傳》：
「先主據下邳。靈等還，先主乃殺徐州刺史車冑，留關羽守下邳，而身還小沛。」

勢單力薄的**劉備喵再次**投身於**亂世的洪流**之中。

《三國志．蜀書．先主傳》：「五年，曹公東征先主，先主敗績……走青州……紹遣將道路奉迎。」「……先主還紹軍，陰欲離紹。」

這弱肉強食的天下間，
想要闖出一番事業的他又將**何去何從**呢？

張大可《張大可文集．三國史》：「曹操……再次親征劉備，劉備敗走，南奔荊州牧劉表。」

（且聽下回分解。）

編者按

縱觀中國歷史，真正從「平民」階層做到「皇帝」的實屬不多，劉備可算一個。縱然掛著「皇族宗親」的名號，劉備早期實則既無錢財，也無地盤，完全白手起家。因此，他崛起的奧秘一直是人們樂於討論的話題。除了常見的幾種觀點（人才輔佐、宗族優勢等）外，讓他不致被吞沒於早期混戰的原因，當屬其堅韌的品格。從鎮壓黃巾發家到煮酒後單飛，劉備先後或投奔或屈從於五位雄主，其輾轉之艱難非常人所能忍受，雪上加霜的是，劉備此時仍未掙得自己的地盤。可他沒有放棄，最終觸底反彈，開啟霸業。忍常人所不能忍，謀常人所不能謀，實在擔得起曹操所說的「英雄」這一美譽。

曹操——煎餅（飾）

劉備——瓜子（飾）

參考來源：《三國志》、《漢書》、呂思勉《三國史話》、白壽彝《中國通史》、軍事科學院《中國軍事通史》、張大可《張大可文集．三國史》、馬植杰《三國史》

【劉皇叔】

《三國演義》中漢獻帝查家譜發現，
劉備是自己的叔叔輩，
稱他為「皇叔」，
但正史中獻帝並沒有認過這個親。

【感化刺客】

刺客想殺劉備，
不知情的劉備熱情地接待了他，
刺客深受感動，
就放棄了刺殺。

【種菜保命】

為了不讓曹操看出自己的野心，
劉備喜歡沒事就種種菜，
顯得胸無大志，
但曹操還是認准了他是英雄。

瓜子小劇場

《買買買》

《美夢之王》

瓜子
金牛座
生日：5月3日
身高：180 公分
不擅長的事：給自己
花錢
愛喝的飲料：白開水
（瓜子擬人介紹）

夏至

第四十九回◉必爭之地

東漢時期，天下分為**十三個州**，

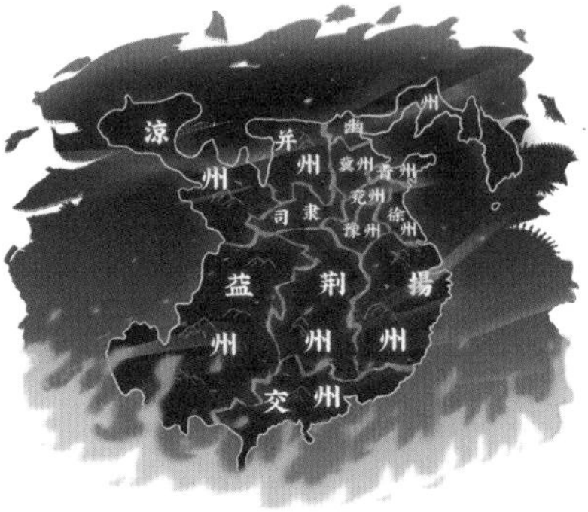

法律出版社《中國法制通史》：「東漢全國設十三州……」

其中**荊州**是兩個大州之一。

荊州地區**不是政治中心**。

范文瀾《中國通史》：「黃河流域是經濟最發達的中心地區，因之它也是政治文化的中心地區。」「就江淮以南（荊揚）……地廣人稀，有些地方還使用火耕水耨法。」

所以當**首都**地區
因群雄割據而遭受**戰亂**的時候，

軍事科學院《中國軍事通史》：「北方總的形勢，是各種勢力積極興起。」
馬植杰《三國史》：「各軍閥為了爭奪土地、人民，連年攻戰不休。」

荊州相對**和平穩定**。

軍事科學院《中國軍事通史》：「天下雖亂，荊州獨全，比較穩定，比較豐樂。」

在戰亂年代里，
和平穩定意味著富庶。

馬植杰《三國史》：「由於荊州所受戰爭破壞較少，關西和中原人民到這裡來避難的很多……經濟和軍事實力都比較雄厚。」

所以當軍閥們開始**搶地盤**後，

軍事科學院《中國軍事通史》：「有實力的割據者，進一步企圖統一河北、河南，直至北方……沒有地盤的眾將……企圖從別的割據者處奪到至少一州，作為根據地。」

荊州便成了**兵家必爭**的肥肉。

《講談社·中國的歷史04·三國志的世界：後漢三國時代》：「荊州……是兵家必爭之地。」

這塊肥肉當時就被**三個人盯上**了。

薛國中《逆鱗集續編》：「在當時荊州……是曹操、孫權、劉備三大軍事集團爭奪的焦點。」

一個**是統一了北方**的**曹操喵！**

馬植杰《三國史》：
「……北方的強大勢力曹操已在鄴鑿成玄武湖，積極訓練水軍，顯然，曹操下一個攻擊目標，就是荊州了。」

一個是**江東霸主孫權喵！**

馬植杰《三國史》：
「東吳孫氏政權三世以來，一直對荊州用兵，而且在軍事上常居優勢。」

另一個……

是**落魄的貴族劉備喵**……

不好意思，就我最沒分量。
還是從曹操那兒逃出來的

馬植杰《三國史》：「甚至連寄居荊州的劉備在謀臣諸葛亮的倡議下，也圖伺機攫取荊州。」

劉備喵**到荊州**其實是來**抱大腿**的。

找下家……

白壽彝《中國通史》：「劉備投奔荊州劉表。」

荊州這邊也認為，
劉備喵其實有點能力……

荊州

《華陽國志》：「先主遣麋竺、孫乾詣劉表。表郊迎之，待以上賓，使屯新野。」

希望他來給荊州**看家護院**。

保全
荊州

白壽彝《中國通史》：「荊州牧劉表待他以上賓之禮，交給他一支部隊，讓他屯駐新野。」

於是，劉備喵就**來了**。

賢弟長得很結實啊！
能來我這兒，老哥很高興！

可惜呢……劉備喵**天生命硬**……

天煞
孤星

張大可《張大可文集・三國史》：「劉備逐鹿中原，屢仆屢起。」

他跟的第一個老闆，

跟著我公孫家，不會有錯的！
好的！老大！

《三國志・蜀書・先主傳》：「為賊所破，往奔中郎將公孫瓚，瓚表為別部司馬。」

自殺。

死了

《三國志・魏書・二公孫陶四張傳》：「瓚自知必敗，盡殺其妻子，乃自殺。」

第二個老闆，

跟我們走吧！咱老陶家需要你！
好的！老大！

《三國志・蜀書・先主傳》：「先主遂去楷歸謙。謙表先主為豫州刺史。」

病死。

《三國志．魏書．二公孫陶四張傳》：「謙病死。」

第三個老闆，

《三國志．蜀書．先主傳》：「先主求和於呂布。」

被殺。

《三國志．魏書．呂布張邈臧洪傳》：「太祖……於是縊殺布。」

而來到荊州之後呢？

《三國志・魏書・董二袁劉傳》：「劉備奔表。」

荊州的老闆也病死了……

《三國志・魏書・董二袁劉傳》：「建安十三年（二〇八年）……表病死。」

真是跟誰誰死……

不過倒是有一個例外！

軍事科學院《中國軍事通史》：「呂布……率兵來攻。劉備不敵，丟失了徐州。」

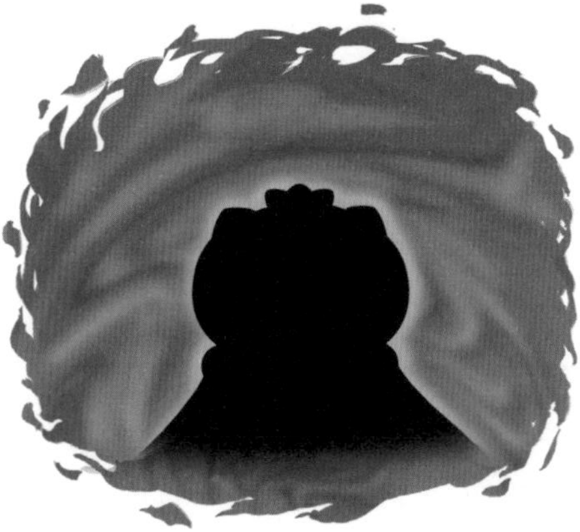

軍事科學院《中國軍事通史》：「劉備敗後依附曹操。」

他就是曹操喵！

劉備喵就是**從曹操喵那兒跑出來**的。

馬植杰《三國史》：「操給以豫州牧頭銜，進封左將軍。」

曹操喵自從**統一北方之後**，

便開始**考慮**……

統一全國的計劃

軍事科學院《中國軍事通史》：「曹操消滅袁氏集團後，北方已無人能夠向他挑戰……新階段的特點是北方曹操集團同南方割據勢力之間的矛盾。」

而南方的**孫家**也在**打荊州的主意**。

軍事科學院《中國軍事通史》：「……孫權通過三徵江夏，覬覦荊州的野心昭然若揭。」

對於曹操喵來說，

一旦孫家**吃下荊州**這塊肥肉……

軍事科學院《中國軍事通史》：「如果荊州被奪去，東吳將發展為跨州的割據勢力。」

那麼**南北**的**對抗**可能會**阻礙國家的統一**。

軍事科學院《中國軍事通史》：
「曹操估計到孫權通過三征江夏，覬覦荊州的野心……增大（曹操）征服南方的難度，因此必須同東吳搶時間。」

於是乎，曹操親自率領大軍**攻打荊州**。

馬植杰《三國史》：
「建安十三年七月……曹操便親自率領大軍從鄴城南下往攻荊州。」

然後，荊州這個**沒怎麼打過仗**的地方……

就投降了。

馬植杰《三國史》：「……劉琮決定迎操，操在到達新野時，接受了劉琮的投降。」

你要知道，

劉備喵這時可**還在荊州**啊！

馬植杰《三國史》：「劉備正屯駐樊城……直到曹操到達宛城時，他才瞭解情況。」

他可是**背叛了曹操喵**才逃到荊州來的。

老曹再見了！
略略略……
回憶模式

馬植杰《三國史》：

「建安四年（一九九年），備乘曹操派他到徐州阻擊袁術之際，背叛曹操，戰後，北歸袁紹，紹敗，又到荊州依劉表。」

喵急也只能**跳牆**了。

二弟三弟，快準備一下，順便帶上那個新來的小孔！
喂？計程車！

劉備喵收起行李只能**往南跑！**

白壽彝《中國通史》：

「劉備兵微將寡，腹背受敵，形勢非常嚴峻。經過商議，決定向南撤退。」

他知道必須**找個**有力的幫手！

> 《華陽國志》：「亮曰：『事急矣！請奉命求救於孫將軍。』」

那麼南邊有誰呢？

沒錯，

南邊便是江東霸主**孫權喵**。

> 王仲舉《魏晉南北朝史》：「孫權……據江東，形成一種勢力。」

面對著來勢洶洶的**曹操喵**，

王仲犖《魏晉南北朝史》：
「曹操率十餘萬眾乘機南征……」

抱頭逃竄的**劉備喵**……

**將如何說服孫權喵
與自己聯合呢？**

《三國志·吳書·吳主傳》：
「備進住夏口，使諸葛亮詣權。」

（且聽下回分解。）

編者按

荊州，之所以能在東漢末年成為兵家必爭之地，除了富庶，還得益於其特殊的地理條件。荊州是溝通南北的交通要道，也是南方的東西兩側往來的必經之路；此外，荊州中部還有長江中游橫貫，為水運提供便利，同時能作為天然的壕溝來防禦外敵。曹操、孫權和劉備三方都想利用這樣優越的地理條件來一展宏圖：劉備企圖佔據荊州後四方發展，擴大勢力；長江下游的孫權想進一步掌握長江中游，一方面阻絕敵人順江而下攻打東吳，一方面順江而上攻城略地；而曹操想控扼南方中心，將東西兩側孤立，更容易收服整個南方。爭霸天下的目光於此聚焦，荊州這個舞台，自此上演了無數激蕩人心的歷史故事。

曹操——煎餅（飾）

孫權——麻花（飾）

劉備——瓜子（飾）

參考來源：《三國志》、《華陽國志》、法律出版社《中國法制通史》、范文瀾《中國通史》、軍事科學院《中國軍事通史》、馬植杰《三國史》、《講談社·中國的歷史 04·三國志的世界：後漢三國時代》、薛國中《逆鱗集續編》、白壽彝《中國通史》、張大可《張大可文集·三國史》、王仲犖《魏晉南北朝史》

【不離不棄】

劉備從荊州南撤時，
曹操派兵緊追，
危急情況下，
劉備仍願意放慢腳步
收留和照顧荊州人民，
這一舉動深得人心。

【肥肉復生】

劉備在荊州其實很閒，
一天上廁所的時候，
發現自己征戰鍛鍊出的
大腿肌肉都成了肥肉，
痛哭流涕。

【家屬難當】

劉備的妻子和孩子
在隨他征戰期間，
曾三次被敵軍擄走。
英雄的家屬也是不好當的。

群喵檔案

湯圓小劇場

《好吃的東西》

《魔鏡》

湯圓

水瓶座

生日：2 月 14 日

身高：168 公分

不擅長的事：做飯

愛喝的飲料：紅茶

（湯圓擬人介紹）

小暑

第五十回 ◉ 孫劉聯盟

經過**十餘年**的**混戰**，

朱紹侯《中國古代史》：「董卓死後，關東豪強地主的軍事聯盟便宣告瓦解，各自割據，相互混戰。」

東漢末的**大佬們**已經**掛了一大半**。

《三國志·魏書·董卓傳》：「布曰『有詔』，遂殺卓，夷三族。」
《三國志·魏書·袁紹傳》：「紹復擊定之。自軍敗後發病，七年，憂死。」
《三國志·魏書·陶謙傳》：「是歲，謙病死。」
《三國志·魏書·劉表傳》：「建安十三年，太祖徵表，未至，表病死。」

整個**北方**就**被一個喵統一**了。

朱紹侯《中國古代史》：「建安十二年（二〇七年），曹操又親率大軍遠徵烏桓，基本上統一了北方。」

他，就是**曹操喵**！

隨著北方**割據勢力**的**消滅**，

白壽彝《中國通史》：
「北方的曹操已漸次消滅袁紹集團，席捲了冀、幽、并、青四州。」

曹操喵開始考慮**統一全國**。

朱紹侯《中國古代史》：
「曹操統一北方後，開始把進攻矛頭指向南方長江流域，準備乘勝統一全國。」

而這**第一個目標**，

就是**荊州**！

朱紹侯《中國古代史》：「建安十三年，他（曹操）親率大軍南下，兵鋒首先指向荊州……」

《講談社・中國的歷史04・三國志的世界：後漢三國時代》：「荊州正好位於聯結東西南北的水陸交通要道之上，因此歷來是兵家必爭之地。」

荊州可是個**好地方**。

不僅大……

王仲犖《魏晉南北朝史》：「荊州地方數千里（荊州八郡，包括現在的湖南、湖北地區）。」

還有錢！

朱紹侯《中國古代史》：「（荊州）是極為富庶而又具有戰略意義的『用武之國』。」

於是乎，

曹操喵抄著傢伙過去了。

白壽彝《中國通史》：「建安十三年七月，（曹操）進軍南征荊州劉表。」

可曹操喵前腳**剛到**！

荊州喵民們聽好了！命令你們馬上……

白壽彝《中國通史》：
「曹操大軍進至新野……」

後腳……**荊州**就**投降**了……

白壽彝《中國通史》：
「……劉琮以為無法抵擋，舉荊州之眾投降曹操。」

投降……
好的！

而且隔壁的**益州**，

看人家荊州投降……

《三國志·魏書·武帝紀》：「益州牧劉璋始受徵役，遣兵給軍。」

自己也跟著**舉白旗**。

軍事科學院《中國軍事通史》：「西方益州牧劉璋開始接受曹操徵調兵役、力役的命令，派使者致敬，送來叟兵三百人和雜御物。」

所以怎麼說呢？

感覺曹操喵自己都還**沒回過神**來。

《講談社·中國的歷史04·三國志的世界：後漢三國時代》：「對於攻打荊州，曹操也是做了一番準備的。沒想到如此簡單地，荊州就落到了自己的手上。」

就**拿下**了最大的**兩個州**……

張大可《張大可文集·三國史》：「曹操不費力氣佔有荊州……益州牧劉璋，主動歸順。」

這個形勢驚動了一個喵。

《講談社·中國的歷史04·三國志的世界：後漢三國時代》：「劉琮投降曹操，對孫權來說也是意料之外的事件。」

他就是江東的**孫權喵！**

《講談社·中國的歷史04·三國志的世界：後漢三國時代》：「孫權徵江夏黃祖，下一步就是想奪取荊州。沒想到，荊州的敵手突然消失，取而代之的是強大的曹操。面對號稱水軍八十萬的曹操大軍，孫權陣營上下震驚。」

對於**老孫家**來說，
老曹家這麼**碾**過來，
那是**很危險**的！

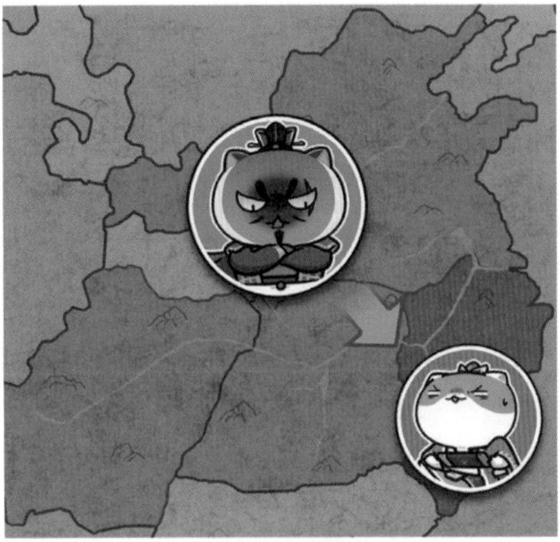

所以……
孫權喵要怎麼對待南下的曹操喵呢？

就在這時，

劉備喵出現了！

啊！
嗨！

呂思勉《三國史話》：「這時候，劉備屯駐在襄陽對岸的樊城。」

這哥們**背叛**曹操後**去了荊州**。

呂思勉《三國史話》：「劉備……反叛曹操。到被曹操打敗了，則始而投奔袁紹，繼而投奔劉表。」

不跟你玩了！來打我呀！
荊州

又因**荊州投降**而**跑了出來**。

你有種別跑!!
我沒有！
荊州

白壽彝《中國通史》：「……劉備屯駐於樊城，聽說劉琮投降，便率軍向江陵撤退。」

這會兒他不僅來江東**求合作**……

小老弟，有件事要跟你說一下。

朱紹侯《中國古代史》：「劉備……派諸葛亮去柴桑見孫權，準備聯合孫權共同抗曹。」

還把曹操喵引到了孫權喵家門口……

曹操在追我！
抓住他！
看到他了！在孫權那兒！

朱紹侯《中國古代史》：「曹操……親自率軍晝夜追趕，將劉備軍擊潰於長阪……佔領荊州之後，立即準備順江而下。」

這下……

上天給孫權喵**出了個大難題了。**

那就是……

到底要不要跟這傢伙聯合呢？

馬植杰《三國史》：「這時，孫權正駐軍柴桑，密切注視局勢的發展，諸葛亮到後，權尚在猶豫觀望。」

咱們來算一筆帳。

首先，曹操喵已經**打到門口來了。**

軍事科學院《中國軍事通史》：「（曹操）自己親率征吳軍主力從江陵出發，沿長江順流，水陸俱下。」

如果幫劉備喵，

《三國志·吳書·魯肅傳》：「肅進說曰：『及說備使撫表眾，同心一意，共治曹操。』」

那曹操喵**會不會連自己一起打呢？**

（這傢伙可不好惹。）

而如果不幫劉備喵呢？

《三國志·吳書·魯肅傳》：「會權得曹公欲東之問，與諸將議，皆勸權迎之。」

估計按照曹操喵的**個性**……

打完劉備喵**之後**也會接著**打他**啊！

軍事科學院《中國軍事通史》：「東吳已經認識到，曹操南下荊州，不僅是同其爭奪荊州，而且得手後勢將進攻東吳。」

再說了，

孫權喵要是真投降了……

曹操喵也根本不可能放過他！

《三國志・吳書・魯肅傳》：「肅對曰：『將軍迎操，欲安所歸？』」

孫權喵一合計！反正都是死……

那還考慮什麼啊？

《三國志・吳書・吳主傳》：「權曰：『今數雄已滅，惟孤尚存，孤與老賊，勢不兩立。』」

於是在**利益相同**的情況下，

孫劉兩個集團**一拍即合**，

軍事科學院《中國軍事通史》：「曹操躍升為東吳第一位的敵人。」「劉備……同曹操有仇。」「孫權同意諸葛亮的觀點，雙方商定協力抗曹。」

決定共同迎戰曹操喵這個「大怪物」。

馬植杰《三國史》：「孫權只令周瑜、程普、魯肅等率領水軍……溯江而上，與劉備共同迎擊曹操。」

但是怎麼打呢？

CAO
Player1
SUN & LIU
Player2
曹
VS
孫劉

這時，孫權喵**召回了一個將領。**

《三國志·吳書·魯肅傳》：「肅勸（權）追召……」

喂！老周嗎？
有人上門搞事！

他是誰呢？

知道了！
老周

《三國志·吳書·周瑜傳》：「……字公瑾，廬江舒人也……長壯有姿貌。」

（且聽下回分解。）

編者按

孫劉聯盟形成的背後，有兩位非常關鍵的人物——魯肅和諸葛亮，他們分別是孫權和劉備的謀士。兩人在曹操甫一南下時便準確判斷了荊州局勢的發展，紛紛提出與對方陣營進行合作的建議，甚至為促成合作之事而奔波；魯肅親自迎接劉備傳達合作之意，諸葛亮也前往孫權的駐地，理智地分析合作的益處以說服孫權。在他們這樣盡心盡力地推動之下，孫權和劉備堅定了結盟抗曹的決心。可以說，雖然拍板決定結盟之事的是孫權和劉備本人，但作為「幕後推手」的魯肅和諸葛亮也功不可沒。二人以智謀為孫權和劉備的霸業披荊斬棘，推動亂世格局的變動；他們在歷史長河中所留下的閃光點，絲毫不遜於其主。

曹操——煎餅（飾）　孫權——麻花（飾）　劉備——瓜子（飾）

參考來源：《三國志》、朱紹侯《中國古代史》、白壽彝《中國通史》、王仲犖《魏晉南北朝史》、《講談社．中國的歷史 04．三國志的世界：後漢三國時代》、軍事科學院《中國軍事通史》、張大可《張大可文集．三國史》、呂思勉《三國史話》、馬植杰《三國史》

附錄

【年齡差】

孫權為了鞏固孫劉聯盟，
將自己的妹妹嫁給劉備。
要知道孫權比劉備小足足20歲，
更別提他妹妹和劉備的年齡差……

【怒砍桌角】

孫權決心迎戰曹操後，
仍有部下勸降，
孫權憤怒地砍下桌角，
威脅他們再說投降，
下場便如此桌，
這才最終穩定了軍心。

【玄武池】

曹操為訓練南下
攻打荊州的水軍，
特意在自家院子里
挖了一個人工湖，
命名為「玄武池」。

百群喵檔案

豆花小劇場

《粥 1》

《粥 2》

豆花

天秤座

生日：10 月 16 日

身高：165 公分

不擅長的事：做選擇

愛喝的飲料：綠茶

(豆花擬人介紹)

大暑

第五十一回◉赤壁之戰

話說**東漢末年軍閥火拼**，

大家你打我，我打你。

傅樂成《中國通史》：

「一九二年四月，王允等與董卓的愛將呂布合謀，於上朝時把卓刺殺……接著軍閥們展開混戰。」

經過**十幾年混戰**，

最終形成了

曹操喵統一北部，

王仲舉《魏晉南北朝史》：「公元二〇七年……北方除關隴與遼東等地區以外，初步統一於曹操統治之下了。」

孫權喵佔據江東，

朱紹侯《中國古代史》：「孫權字仲謀……擁有江東六郡。」

中間留著個**劉備喵**，

在「跑來跑去」……的局面。

朱紹侯《中國古代史》：「劉備……在軍閥混戰時，他先後依附陶謙、呂布、曹操等，卻始終未能崛起。官渡之戰時，他依附袁紹，袁紹軍敗，又到荊州投靠劉表。」

當然還有幾個**閒雜角色**，
在街邊**嗑瓜子**……

軍事科學院《中國軍事通史》：「士燮實際上控制了交州。」「涼州勢力韓遂、馬超集團和董卓集團的殘餘眾將盤踞著關西。」「漢末割據漢中的是張魯。」

而隨著**曹操喵的壯大**，

他開始向**南方**拓展勢力。

白壽彝《中國通史》：「曹操基本平定北方，兵鋒轉而南向。」

為了自保，

在南方的**孫權喵**和**劉備喵**只能**聯合起來！**

白壽彝《中國通史》：

「孫、劉聯合抗擊曹操的協定，就此定下來了。」

這就是歷史上**著名**的

赤壁之戰！

那麼，孫劉兩家如何對抗**曹軍**呢？

這時**孫權喵**召喚出了**東吳最強將領**！

白壽彝《中國通史》：「孫權說……對江東政權的功績任何人也無法同周瑜相比。」

他就是**周瑜喵**！

《三國志．吳書．周瑜傳》：
「周瑜字公瑾，廬江舒人也。」

周瑜喵是孫權喵哥哥**孫策喵**的老部下。

白壽彝《中國通史》：
「周瑜……協助孫策先後打下秣陵、湖孰、江乘等地，趕走揚州刺史劉繇，佔據他的治所曲阿……孫策授予周瑜建威中郎將的職務。」

正所謂，**加一次值兩代人用。**

（真划算。）

對於**曹操喵**的迫近，

周瑜喵表現得**非常淡定**……

聽說對方有八十萬兵馬，怎辦啊？
怕什麼，那都是假粉絲。

《三國志．吳書．周瑜傳》引《江表傳》：

「瑜請見曰：『諸人徒見操書，言水步八十萬，而各恐懾，不復料其虛實，便開此議，甚無謂也。今以實校之，彼所將中國人，不過十五六萬，且軍已久疲，所得表眾，亦極七八萬耳。』」

反正就是**「正面對決」**。

白壽彝《中國通史》：

「周瑜……表示只要撥他五萬精兵，就可以打敗曹操。」

烤好了，來張開嘴。
啊……

而**曹操喵**那邊呢？

北方喵來到**南方地界，**
水土不服……

白壽彝《中國通史》：「曹軍戰士多北方人，不服南方水土。」

一開打……就**輸了一仗。**

軍事科學院《中國軍事通史》：「曹操初次一交鋒，即敗退。」

怎麼辦呢？

張大可《張大可文集・三國史》：「北方士兵不習慣乘船，夾岸推進，已經染上疾病。」

這時**曹操喵**採取了一個**計策**。

這就是著名的**餿主意**——

連環船計劃！

《資治通鑑·卷六十五》：「操軍方連船艦，首尾相接。」

他將**所有的船連了起來**。

馬植杰《三國史》：「（曹操）把所有船艦都用繩索連上……」

你要知道，
在**水上**打仗雖然**晃**……

馬植杰《三國史》：「……以防止風浪的顛簸。」

但起碼**移動**起來還算**方便**。

現在全部**綁在一起**。

軍事科學院《中國軍事通史》：「曹軍艦船頭尾互相連接……」

這不就是固定的靶子嗎？

馬植杰《三國史》：「……大大削弱了水軍作戰的機動性。」

於是乎這時，

周瑜喵上線了。

《三國志・吳書・周瑜傳》引《江表傳》：「瑜所督領，自易摧破。」

他**趁著**刮起的**大風**，

給對方送火。

《三國志・吳書・周瑜傳》：「瑜部將黃蓋……蓋放諸船，同時發火。時風盛猛……」

然後……曹操喵的船**就著了**。

而且從**船上**一直燒到**岸上**……

《三國志．吳書．周瑜傳》：
「……悉延燒岸上營落。」

曹軍瞬間大亂，
被打得潰敗。

白壽彝《中國通史》：「曹軍將士亂作一團，被燒、淹死者難計其數。」軍事科學院《中國軍事通史》：「人馬燒死溺死無數，曹軍出現大潰敗的局面。」

稀裡嘩啦，
赤壁一戰就打完了……

一身燒烤味的曹操喵，
只能收拾行李撤回北方。

《三國志·吳書·周瑜傳》：「曹公……徑自北歸。」

他一路上不僅**餓個半死**，

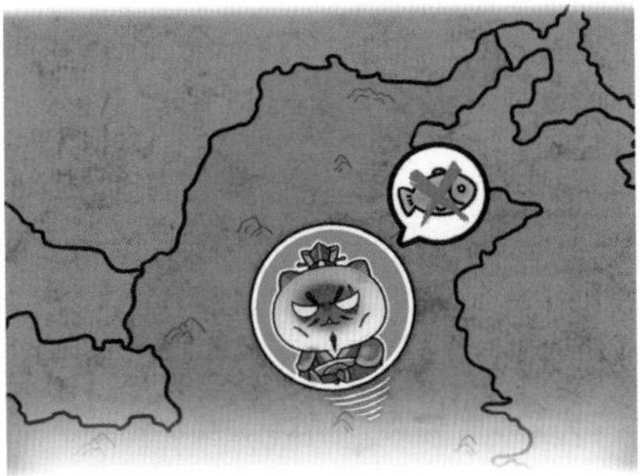

還**病了個半死**……

馬植杰《三國史》：
「操軍在退卻中因飢餓和癘疫，死亡大半。」

這次戰敗，
使原本無敵的**曹操喵損失慘重**。

軍事科學院《中國軍事通史》：
「曹操戰略機動部隊在赤壁之戰中損失嚴重，同南方比較，水軍處於異常懸殊的劣勢，艦船數量極少，長江的制江權完全喪失……大批官兵在戰爭或瘟疫中死亡不歸，家室怨曠，百姓流離，形成嚴重的社會問題。」

統一南方的機會更是從此失去……

軍事科學院《中國軍事通史》：「經過此戰，曹操喪失了統一全國的機遇。」

孫劉兩家則**得到了空前的發展空間。**

軍事科學院《中國軍事通史》：「……孫、劉集團得到空前發展機遇。」

赤壁之戰的結束，

標誌著群雄混戰格局的終結。

軍事科學院《中國軍事通史》：「赤壁之戰，標著中國結束群雄混戰。」

華夏大地向著一個**三分的格局**發展。

白壽彝《中國通史》：「赤壁之戰，初步奠定了三國鼎立的局面。」

那麼天下，

▶ **將會是誰的呢？** ◀

（且聽下回分解。）

編者按

赤壁之戰是三國時期「三大戰役」之一，也是曹、孫、劉三家同時參與的著名戰役，它對天下局勢的走向起了決定性的作用。曹軍的敗退使全國一統的趨勢被打斷，國家分裂狀態持續。同時，赤壁之戰的結果也說明，曹孫劉三家以如今的實力進行對抗是無法分出勝負的。於是他們的主要任務變成積極壯大自身，為最終戰勝對方做準備。由此，三方的戰略重心轉為吞併除彼此以外的割據勢力，如益州、交州和關西等；同時重視發展內政，一時間政治昌明，被連年戰爭所破壞的三地經濟都有所恢復。而這三人實力也逐漸增強，成為最強大的三方勢力，為後來的魏、蜀、吳三分天下奠定基礎。

曹操——煎餅（飾）　孫權——麻花（飾）　劉備——瓜子（飾）　周瑜——豆花（飾）

參考來源：《三國志》、《資治通鑒》、傅樂成《中國通史》、王仲犖《魏晉南北朝史》、朱紹侯《中國古代史》、軍事科學院《中國軍事通史》、白壽彝《中國通史》、馬植杰《三國史》、張大可《張大可文集・三國史》

附錄

【只欠東風？】

《三國演義》裡說有東風相助
才將火吹向曹營，
但正史只說有風，
並未提及風向，
「東風」應屬後人推測。

【帥哥的待遇】

孫權每年都會賞賜
周瑜上百件衣物。
有人說是因為他視周瑜如兄長，
這是尊敬的表現，
也有可能是因為周瑜長得帥……

【絕對音感】

周瑜有一雙好耳朵。
聽樂曲時，哪怕一個音出錯，
他都能立刻發現，
還會回頭提醒演奏者，
這就是「曲有誤周郎顧」。

下回再見！